Liebe Schülerinnen, liebe Schüler!

Dieses Rechtschreibheft will euch helfen, eure Leistungen in der Rechtschreibung zu verbessern. Wenn ihr mit Ausdauer regelmäßig übt, lernt ihr, wie die Wörter richtig geschrieben werden.

Viele Wörter schreibt man genauso, wie man sie spricht (Beispiel: Kinder).

Das sind **Mitsprechwörter.**

Andere Wörter schreibt ihr richtig, wenn ihr die Rechtschreibregeln anwenden könnt (Beispiel: Hand – Hände).

Das sind **Nachdenkwörter.**

Wenn ein Wort **nicht** so geschrieben wird, wie man es spricht, und wenn auch keine Rechtschreibregel angewendet werden kann, dann müsst ihr euch die Schreibweise merken (Beispiel: Boot).

Das sind **Merkwörter.**

Die Zeichen für die drei Wortgruppen sind im Arbeitsheft den einzelnen Aufgaben zugeordnet.

Die Rechtschreibregeln werdet ihr in dem Arbeitsheft üben.
Damit euch die Arbeit Freude macht, findet ihr in jeder Lerneinheit kleine Texte, Rätsel, Reime und Spiele mit Wörtern.

Trolli – der Spaßmacher – **begleitet euch** durch das Arbeitsheft und gibt euch viele gute Ratschläge.

W0211029

Eure Arbeitsergebnisse könnt ihr selbstständig überprüfen.
Schaut dazu im Wörterverzeichnis am Ende des Arbeitsheftes nach.
Ihr könnt das Wort aber auch im Wörterbuch nachschlagen.
Für viele Übungsaufgaben findet ihr hinten im Arbeitsheft Lösungsvorgaben.

Das Symbol für Partnerarbeit weist euch auf die Möglichkeit hin, mit einem Partner zusammen zu arbeiten.

Z Das Symbol für eine zusätzliche Aufgabe gibt den schneller arbeitenden Schülern und Schülerinnen unter euch den Hinweis für eine zusätzliche Arbeitsmöglichkeit.

Dieses Symbol sagt euch, dass ihr eine Aufgabe im Heft lösen oder am Computer bearbeiten sollt.

Zu jedem Arbeitsheft findet ihr in einem Beiheft eine Sammlung von Arbeitstexten für die Differenzierung.
Zu jeder Lerneinheit im Arbeitsheft stehen in diesem Beiheft drei verschieden schwere Texte.
Wählt selbst einen Text zum Schreiben aus.
Lasst euch von einem Partner (Mitschüler/In, Mutter oder Vater) den Text diktieren.
Anschließend vergleicht ihr euren geschriebenen Text mit der Vorlage und berichtigt die Fehler.

Nun viel Spaß und guten Erfolg beim Lernen
wünscht euch euer Autor

1. Es brennt

Wörter mit eu

Es brennt

Der **Feuerteufel** geht um!
Dieser Satz stand **heute** Morgen groß gedruckt über dem Leitartikel in unserer Zeitung.
Der Schreiber fragt: „Wer legt nachts immer wieder **Feuer** in **Heuballen** und **Scheunen**?“
Auch **heute** Nacht brannte wieder eine **Scheune**.
Die **Leute** schreckten aus dem Schlaf, als die **Feuerwehr** mit **heulenden** Sirenen durch die Stadt fuhr und über die **Kreuzungen** raste.
Aber bevor noch die **Feuerwehrleute** mit ihren **Fahrzeugen** die **Feuerstelle** erreichten, sahen sie schon von Weitem, wie die meterhohen Flammen den dunklen Nachthimmel **erleuchteten**. Die **Scheune** des Bauern **Heumann** wurde eine **Beute** der Flammen. **Zeugen** konnten noch nicht ermittelt werden. Aber ein **Feuerzeug** wurde am Tatort gefunden. Es könnte zum Täter führen.
Hoffentlich kann die Polizei den Brandstifter bald ergreifen.

1. In dem Text findest du viele Wörter, die mit **eu** geschrieben werden. Schreibe sie auf.

____

____

____

____

____

____

2. Schreibe diese Wörter nun geordnet nach dem Abc.

Scherzfrage

3. Schreibe die Antwort auf. ____________________

Merke!

- Wenn es kein verwandtes Wort mit au gibt, schreibt man **eu**: **Leute, Heu.**
- Weitere Wörter mit **eu** sind: **Beule, Eule, Euter, Freude, Reue, Schleuder, Seufzer.**

Wörter mit eu

Wortsuchrätsel

1. In diesem Suchrätsel sind 17 Namenwörter (Nomen) versteckt, die mit **eu** geschrieben werden. Sieben Wörter waagerecht und zehn Wörter senkrecht. Schreibe die Wörter auf.

S	F	R	E	U	D	E	D	Q	J	C	E	C
T	T	R	E	U	E	I	T	S	R	L	L	Y
E	O	A	C	L	E	U	C	H	T	E	R	M
U	Z	F	J	Z	E	U	G	E	B	U	K	E
E	N	D	N	Z	A	O	X	F	E	T	R	U
R	S	B	T	S	B	M	E	R	U	E	F	T
G	E	L	D	B	E	U	T	E	L	R	U	E
N	T	B	U	K	N	I	Z	U	E	E	U	T
X	W	E	K	E	T	D	Y	N	F	U	U	S
K	A	U	E	U	E	E	N	D	E	E	K	C
H	Q	T	W	L	U	M	E	E	U	H	E	U
X	J	E	I	E	E	U	F	L	E	G	W	P
J	E	U	L	E	R	N	I	W	R	G	G	E

waagerecht:

senkrecht:

Reimwörter

2. Welche Wörter aus dem Suchrätsel reimen sich? Schreibe sie untereinander.

Meute	Keule	Steuer	Treue

Wortarten unterscheiden

3. Ordne die folgenden Wörter in die Tabelle ein: **Leute, keuchen, freuen, deutsch, teuer, Feuer, Beule, leugnen, neu, streuen, feucht, Steuer, Heu, treu, beugen.**

Namenwörter (Nomen)	Wiewörter (Adjektive)	Tunwörter (Verben)

Wörter mit eu

Wortstamm zeug und leuch

1. Bilde Namenwörter (Nomen) mit dem Wortstamm **zeug** und schreibe sie auf.
2. Bilde Namenwörter (Nomen) mit dem Wortstamm **leuch** und schreibe sie auf. Achte auf die Großschreibung der Namenwörter (Nomen).

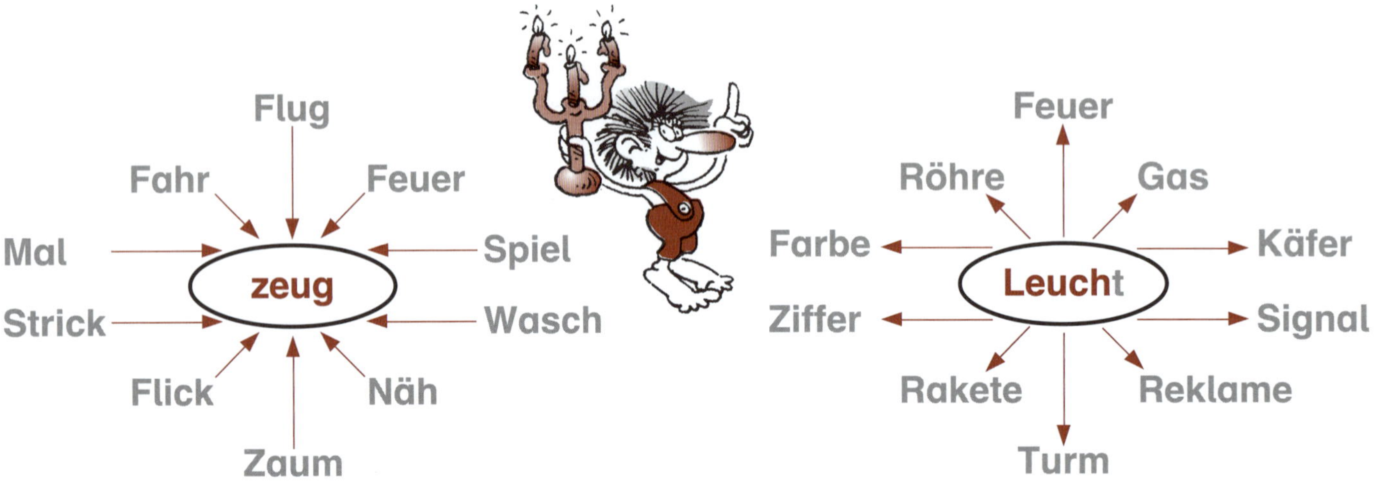

3. Schreibe mit jedem Wort einen Satz.

Es brennt

4. Lass dir die fehlenden Wörter diktieren. Du findest sie im Text zu Beginn dieser Lerneinheit. Kontrolliere deine Rechtschreibung.

Der ____________________ geht um!

Dieser Satz stand __________ Morgen groß gedruckt über dem Leitartikel in unserer Zeitung. Der Schreiber fragt: „Wer legt nachts immer wieder ______________ in ____________________ und _________________?“ Auch _______________ Nacht brannte wieder eine _________________. Die _____________ schreckten aus dem Schlaf, als die _____________________ mit _______________________ Sirenen durch die Stadt fuhr und über die _____________________ raste.

Aber bevor noch die ___________________________ mit ihren _____________________ die __________________ erreichten, sahen sie schon von Weitem, wie die meterhohen Flammen den dunklen Nachthimmel _______________________. Die _________________ des Bauern Heumann wurde eine _____________ der Flammen. _________________ konnten noch nicht ermittelt werden. Aber ein __________________ wurde am Tatort gefunden. Es könnte zum Täter führen.

2. Der Zimmermann des Waldes

Wörter mit dem Umlaut Ä/ä

Der Zimmermann des Waldes

Im Frühling machte die Klasse eine Wanderung durch die **Wälder**. Die Bäume hatten kaum **Blätter**. Die Sonnenstrahlen konnten noch durch die **Äste** scheinen und den Erdboden **erwärmen**. An einem sonnigen **Plätzchen** machten die Kinder Rast und setzten sich auf die **gefällten Baumstämme**. Sie holten ihre Brote, **Äpfel** und **Getränke** aus ihren **Rucksäcken**. Dann saßen sie ganz still, um auf die Geräusche im Wald zu achten. Sie waren nun **Gäste** des Waldes.
Plötzlich horchten sie auf. Wer klopfte denn dort? Die Kinder reckten ihre **Hälse**. Dann entdeckten sie einen großen, bunten Vogel, der mit seinem **kräftigen** Schnabel gegen einen Baumstamm **hämmerte**. „Das ist ein Buntspecht, der dort seine Nisthöhle baut", **erklärte** ein Schüler. „Man nennt ihn auch den Zimmermann des Waldes", **erzählte** die Lehrerin.
Als die Kinder schließlich nicht mehr still saßen, wurde es dem Specht zu **gefährlich** und er flog davon. Alle klatschten in die **Hände**.

1. Lies den Text aufmerksam. Wer kann etwas von einem Buntspecht erzählen?
2. Beantworte die folgenden Fragen in einem Satz.

▶ In welcher Jahreszeit machten die Kinder einen Ausflug in den Wald?

▶ Warum konnten die Sonnenstrahlen den Waldboden erreichen?

▶ Weißt du, warum es wichtig ist, dass die Sonne den Waldboden erreichen kann?

▶ Wen konnten die Kinder bei seiner Arbeit beobachten?

▶ Warum wird dieser Vogel wohl „Zimmermann des Waldes" genannt?

Wörter mit dem Umlaut Ä/ä

1. Schreibe alle fett gedruckten Wörter aus dem Text der vorigen Seite untereinander.
Schreibe ein Wort mit **A/a** daneben, das mit dem Wort aus dem Text verwandt ist.
Benutze dein Wörterbuch.

Wälder	Wald		

2. Schreibe neben jedes Wort die Mehrzahl. Kontrolliere mit dem Wörterbuch.

Einzahl	Mehrzahl
der Ball	
das Glas	
der Garten	
das Gras	
der Apfel	

Einzahl	Mehrzahl
die Wand	
der Sack	
der Satz	
das Fass	
der Ast	

Merke!

Wörter mit dem Umlaut Ä/ä haben meistens verwandte Wörter mit **A/a**.
Beispiel: Wälder – Wald, zählte – Zahl, erklärte – klar.

Wörter mit dem Umlaut Ä/ä

Tunwörter (Verben) und ihre Personalformen

1. Ergänze die Tabelle. Kontrolliere mit dem Wörterbuch.

Grundform	Ich-Form	Du-Form	Er/Sie-Form	Ihr-Form
fallen				
	schlafe			
		hältst		
			rät	
				fangt

Achte auf die Personalform

2. Schreibe das passende Tunwort (Verb) in die Satzlücke. Folgende Wörter fehlen: **vertragen, halten, fallen, raten, fahren, fangen, tragen, schlafen, waschen, schlagen.**

Der Apfel ________________ nicht weit vom Stamm.

Der Torwart ________________ auch den ganz scharf geschossenen Ball.

Der Schildbürger ________________ die Sonnenstrahlen in einem Sack.

Die Kirchturmuhr ________________ jede volle Stunde.

Vater staunt: „Du ________________ ja schon sehr sicher mit deinen neuen Rollschuhen."

Die alte Dame fragt: „________________ du mir bitte den Korb die Treppe hinauf?"

„Jeder ________________ sich vor dem Essen die Hände", mahnt Mutter.

Der Lehrer ________________ seinen Schülern die Merkwörter fleißig zu lernen.

Der Kranke ________________ fast den ganzen Tag.

„Warum ________________ du dich nicht mehr mit deiner Freundin?", fragt Mutter.

3. Z Schreibe mit jedem Tunwort (Verb) von Aufgabe 2 einen Satz.

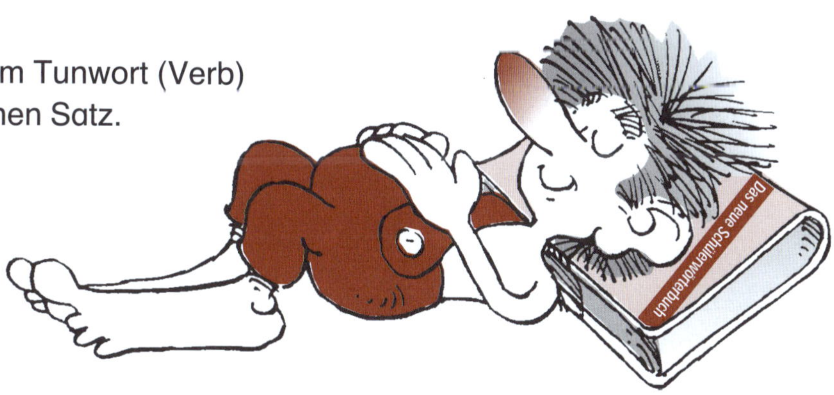

Wörter mit dem Umlaut Ä/ä

Verwandte Wörter

1. Jeweils ein Wiewort (Adjektiv) und ein Namenwort (Nomen) gehören zusammen. Schreibe die verwandten Wörter nebeneinander.

Wiewörter (Adjektive)	Namenwörter (Nomen)
mächtig, kräftig, vorrätig, täglich, kränklich, jährlich, gefährlich, sträflich, ängstlich, ärmlich	die Gefahr, die Angst, die Kraft, die Macht, der Vorrat, der Tag, die Krankheit, das Jahr, die Armut, die Strafe

mächtig, die Macht ______________ ______________

______________ ______________

______________ ______________

______________ ______________

______________ ______________

Der Zimmermann des Waldes

2. Lass dir von einem Partner die fehlenden Wörter diktieren.
Die Wörter stehen im Text auf Seite 5.

Im Frühling machte die Klasse eine Wanderung durch die ______________ . Die Bäume hatten kaum ______________ . Die Sonnenstrahlen konnten noch durch die ______________ scheinen und den Erdboden ______________ . An einem sonnigen ______________ machten die Kinder Rast und setzten sich auf die ______________ ______________ . Sie holten ihre Brote, ______________ und ______________ aus ihren ______________ . Dann saßen sie ganz still, um auf die Geräusche im Wald zu achten. Sie waren nun ______________ des Waldes. Plötzlich horchten sie auf. Wer klopfte denn dort? Die Kinder reckten ihre ______________ . Dann entdeckten sie einen großen, bunten Vogel, der mit seinem ______________ Schnabel gegen einen Baumstamm ______________ . „Das ist ein Buntspecht, der dort seine Nisthöhle baut", ______________ ein Schüler. „Man nennt ihn auch den Zimmermann des Waldes", ______________ die Lehrerin. Schließlich flog der Specht davon. Alle klatschten in die ______________ .

3. Schreibe den Text auf.

Keine Ableitung für den Umlaut Ä/ä

Ja, die Ruth

Ja, die Ruth
fand den Mut
und sprach zum Vater:
„Sei so gut
und höre mir in aller Ruh
bitte schön ein Weilchen zu!
Warum redet man mir ein,
Mädchen müssten braver sein,
als die Knaben,
warum haben
wir als Frauen
drauf zu schauen,
dass wir uns tipptopp betragen,
fromm die Augen niederschlagen,
uns mit Einkaufstaschen plagen,
Hosen bügeln oder Kragen,
während sich die **Männer** raufen,
fesseln mit den Lassoschlaufen,
schreiend um die Wette laufen,
Klingeln für die **Räder** kaufen?
Vater, sag, wieso, warum?“
Vater hüstelte verlegen,
rang nach Atem und blieb stumm.

Hans Manz

1. Lies den Text aufmerksam. Wie passt das Bild zu dem Text? Was wird über Mädchen gesagt? Was wird über Jungen gesagt?

Meinungsumfrage

- Was finde ich an Mädchen gut? Was gefällt mir an Mädchen nicht?
- Was finde ich an Jungen gut? Was gefällt mir an Jungen nicht?

2. Die Mädchen schreiben über Jungen ihre Meinung. Die Jungen schreiben über Mädchen ihre Meinung.

3. Sprecht in eurer Klasse über eure Notizen.

Wörter, die mit **ä** geschrieben werden

4. Schreibe die fett gedruckten Wörter aus dem Text oben auf. Welches Wort kannst du nicht von einem verwandten Wort mit **a** ableiten? Kreise dieses Wort rot ein.

5. Schreibe diese Wörter richtig auf. Merke sie dir.

Rückwärtswörter	
ZRÄM:	NEHCDÄM:
ERHÄ:	NEHCRÄM:
RÄB:	ETÄRG:
GIFÄK:	EHCRÄL:
EGÄS:	REFÄK:

Merke! Nicht alle Wörter, die mit **ä** geschrieben werden, kann man von einem verwandten Wort mit **a** ableiten. Diese Wörter musst du dir merken.

Keine Ableitung für den Umlaut Ä/ä

Wortsuchrätsel

B	G	R	Ä	T	E	C	I	D	A
B	N	R	O	M	Ä	H	R	E	V
Ä	C	E	R	Ä	K	L	J	D	S
R	Y	N	C	R	Ä	T	K	M	M
F	I	C	P	C	F	E	Y	C	L
M	Ä	D	C	H	E	N	H	W	T
H	R	G	C	E	R	S	A	I	U
H	G	M	G	N	M	Ä	R	Z	I
B	M	K	Ä	F	I	G	F	W	P
L	Ä	R	C	H	E	E	T	Y	I

waagerecht: ______________________________

____

____

senkrecht: ______________________________

____

____

1. In diesem Wortsuchrätsel sind die 10 Wörter versteckt, die auf der vorigen Seite bei Aufgabe 5 stehen. Kreise diese 10 Wörter ein.

2. Schreibe auf, welche Wörter du waagerecht oder senkrecht gefunden hast.

Welches Namenwort (Nomen) gehört in die Satzlücke?

3. Schreibe die 10 Wörter aus dem Rätselkasten in die richtige Satzlücke.

- Die verschiedenen Getreidearten kann man an der ______________ erkennen.
- Der Vogel flattert ängstlich in seinem ______________ umher.
- Weißt du, wie viele Flügel ein ______________ hat?
- Die ______________ ist ein Nadelbaum, der im Winter seine Nadeln verliert.
- Der ______________ lebt bei uns in Europa fast nur noch im Zoo.
- Im ______________ ist Frühlingsanfang.
- Beim Essen eines Fisches blieb ihm eine ______________ im Halse stecken.
- Das ______________ von Hänsel und Gretel hat Humperdinck als Oper vertont.
- Die Waldarbeiter setzen die ______________ an den Baumstamm.
- Das jüngste Kind in unserer Familie ist ein ______________.

Keine Ableitung für den Umlaut Ä/ä

Verwandte Wörter

Schräge | Säge | spät | ähnlich | abschrägen | Ähnlichkeit | schräg | Sägemehl | sägen | verspäten | ähneln | Verspätung

1. Jeweils drei Wörter gehören zu einer Wortfamilie.
Schreibe die Wortfamilie untereinander.

______	______	______	______
______	______	______	______
______	______	______	______

Ähnlicher Wortklang, aber unterschiedliche Bedeutung und Schreibweise

2. Trage die folgenden Wörter in die richtige Satzlücke ein: **die Bären – die Beeren, die Gräte – die Grete, die Ähre – die Ehre, die Sägen – der Segen, die Lärche – die Lerche.**

Jeder Getreidehalm trägt eine ______________. Der Ritter kämpft um seine ______________.

Die ______________ ist ein Baum. Die ______________ ist ein Vogel.

Der Pastor spricht den ______________. Der Schreiner braucht für seine Arbeit verschiedene ______________.

Wir können im Zoo die ______________ beobachten. Wir pflücken ______________ im Walde.

Meine Tante heißt ______________. In dem Fischfilet war keine einzige ______________.

Ja, die Ruth

3. Schreibe die Sätze richtig ab.
Achte auf die Großschreibung der Satzanfänge und der Namenwörter (Nomen).

ruth nahm ihren mut zusammen, weil sie ihrem vater viele fragen stellen wollte.
sie wünschte, dass der vater ihr einmal zuhört und ihre fragen beantwortet.
warum verlangt ihr erwachsenen, dass mädchen braver sein sollen als jungen?
warum sollen sich mädchen immer gut benehmen?
warum sollen sie die hemden und hosen der jungen bügeln?
warum dürfen sich dagegen die jungen raufen?
warum dürfen die jungen toben und schreien?
warum dürfen sie ständig mit dem fahrrad unterwegs sein?
und der vater? er hüstelte verlegen und war sprachlos.
ruth war enttäuscht.

4. Immer bergab

Weicher oder harter Auslaut (d/t, b/p, g/k)

Immer bergab

Max packt Äpfel, **Brot** und Päckchen mit **Saft** in einen **Korb**. Er will mit seinem **Freund** Moritz einen **Ausflug** machen.
Jeder steigt auf sein **Rad** und los geht die **Fahrt**.
Der Himmel ist strahlend blau. Es ist ein sehr heißer **Tag**. Deshalb haben sie sich einen bequemen **Weg** ausgesucht. Sie fahren nämlich nur bergab.
Der **Fahrtwind** kühlt ihre **Haut** und lässt ihre Haare flattern. Wiese, **Feld** und **Wald** fliegen an ihnen vorbei. Sie singen sogar ein lustiges **Lied**. In der Ferne erkennen sie die Schornsteine einer alten **Fabrik**. Dieses **Werk** ist schon viele Jahre geschlossen.
An einem **Waldrand** machen sie **Rast** und packen vergnügt ihren **Picknickkorb** aus. Sie haben Hunger und großen Durst.
Schließlich müssen sie an den **Heimweg** denken.

1. Lies den Text aufmerksam. Welches Problem könnte es auf dem Heimweg geben?

2. Kreise jedes Wort, das du schwierig findest, rot ein.
Schreibe diese Wörter auf.

3. Schreibe die fett gedruckten Namenwörter (Nomen) in der Einzahl und in der Mehrzahl.
Kontrolliere mit dem Wörterbuch.

Brot	Brote		

Weicher oder harter Auslaut (d/t, b/p, g/k)

Mit Wiewörtern (Adjektiven) vergleichen

1. Schreibe die Wiewörter (Adjektive) in ihren Vergleichsformen.
Kontrolliere mit dem Wörterbuch.

▶ **Hier bleibt der Wortstamm gleich.**

Grundstufe	Höherstufe	Höchststufe
schräg		
		am welksten
lieb		
	karger	

▶ **Hier bleibt der Wortstamm gleich.**
Achte aber auf das Verbindungs-e in der Höchststufe.

wild		
breit		
		am festesten
	lauter	
		am spätesten

▶ **Hier ändert sich der Wortstamm.**
Achte auch hier auf das Verbindungs-e bei einigen Wörtern in der Höchststufe.

grob		
stark		
	kälter	
		am klügsten
	älter	

2. Schreibe die folgenden Wiewörter (Adjektive) mit ihren Vergleichsformen:
hart, rund, bunt, derb, weit, lang, jung, streng, schlank, flink.

Merke! Verlängere die Wörter, dann hörst du den Endlaut.

Weicher oder harter Auslaut (d/t, b/p, g/k)

Merke!

Du kannst den Laut am Wortende nicht genau hören.
Wenn du aber das Wort verlängerst, kannst du den Endlaut hörbar machen. **Beispiel:** Lied (Lieder), Werk (Werke), alt (älter).

1. Verlängere die Wörter und mache dadurch den Endlaut hörbar.

Strand – Strände	wild
Stab	schrieb
Flug	lag
Nacht	weit
Grab	schob

Immer bergab

2. Lass dir von einem Partner die fehlenden Wörter diktieren.
Vergleiche mit dem Text am Anfang dieser Lerneinheit.

Max packt Äpfel, ____________ und Päckchen mit ____________ in einen ____________.

Er will mit seinem ____________ Moritz einen ____________ machen.

Jeder ____________ auf sein ____________ und los geht die ____________. Der Himmel ist

____________ blau. Es ist ein sehr heißer ____________. Deshalb haben sie sich einen

bequemen ____________ ausgesucht. Sie fahren nämlich nur ____________.

Der ____________ kühlt ihre ____________ und lässt ihre Haare flattern.

Wiese, ____________ und ____________ ____________ an ihnen vorbei. Sie

____________ sogar ein lustiges ____________. In der Ferne erkennen sie die Schorn-

steine einer ____________ ____________. Dieses ____________ ist schon viele Jahre geschlossen.

An einem ____________ machen sie ____________ und packen ____________

ihren ____________ aus. Sie haben Hunger und großen ____________.

Schließlich müssen sie an den ____________ ____________.

5. Das Stinktier

Weicher oder harter Auslaut (ng oder nk)

Das Stinktier

Das Stinktier lebt in Amerika. Es hat eine besondere Eigenschaft.
Ihm fehlen große, scharfe Krallen, um sich zu verteidigen. Aber trotzdem hat es eine wirksame Waffe.
Wenn ein Feind naht, stellt es seinen Schwanz hoch, dreht sich blitzschnell um und spritzt dem Angreifer eine stinkende Flüssigkeit entgegen. Damit kann es seinen Gegner bis zu einer Entfernung von sechs Metern treffen.
Da diese Flüssigkeit so fürchterlich stinkt, fürchten die meisten Tiere eine Begegnung mit dem Stinktier.
Die Flüssigkeit der Stinktiere hat aber noch eine sehr gefährliche Wirkung. Wenn sie nämlich in die Augen gerät, können Menschen oder Tiere davon blind werden.

1. Lies den Text aufmerksam und beantworte die Fragen in einem Satz.

- Womit verteidigt sich das Stinktier? ______________________________

____

- Warum fürchten die Feinde seine Flüssigkeit? ______________________________

____

Zusammengesetzte Namenwörter (Nomen)

2. Verlängere das Wort mit dem Auslaut **g** oder **k**. Kreise das **g** und **k** ein.

Schlin**g**pflanze	schlingen	Tan**k**wagen	______
Len**k**rad	______	Den**k**blase	______
Sin**g**drossel	______	Fun**k**turm	______
Sprin**g**seil	______	Fan**g**arme	______
Blin**k**licht	______	Trin**k**päckchen	______
Dan**k**brief	______	Schwin**g**tür	______

3. Bilde mit den Namenwörtern (Nomen) Sätze.

Merke! Manchmal kannst du nicht wissen, ob das Wort im Auslaut mit **g** oder **k** geschrieben wird. Wenn du aber das Wort verlängerst und deutlich sprichst, kannst du den Auslaut hören. **Beispiel: Stinktier – stinken**

Weicher oder harter Auslaut (ng oder nk)

1. Ergänze **g** oder **k** am Wortende.

Schreibe das verwandte Tunwort (Verb) neben das Namenwort (Nomen).

der Tank	tanken	der Klan	
der Fan		der Gestan	
der Dan		der Zan	
der Win		das Geschen	

2. Setze **g** oder **k** richtig ein. Schreibe die Einzahl daneben. Denke an den Begleiter (Artikel).

Mehrzahl	Einzahl	Mehrzahl	Einzahl
Ringe	der Ring	Gän e	
Bän e		Geschen e	
Gelen e		Gesän e	
Klän e		Schrän e	
Din e		Abhän e	
Geträn e		Fin en	

3. Trage bei den folgenden Sätzen den fehlenden Buchstaben (**g** oder **k**) richtig ein.

- Vor unserem Haus steht eine weiße Ban____.
- Das Auto stürzt den Abhan____ hinab.
- Das Klavier hat einen guten Klan____.
- Das Fest beginnt mit Tanz und Gesan____.
- Stell bitte das Geschirr in den Schran____.
- Vater startet das Auto im ersten Gan____.
- Die Kinder basteln für ihre Eltern ein Geschen____.
- Am Futterhäuschen sitzt ein Buchfin____.

4. Schreibe die Sätze ab. Kontrolliere mit dem Wörterbuch.

Weicher oder harter Auslaut (ng oder nk)

1. Steigere die Wiewörter (Adjektive). Ergänze die Tabelle.
Kontrolliere mit dem Wörterbuch.

Grundstufe	Höherstufe	Höchststufe
lang	länger	am längsten
blank		
	schlanker	
		am jüngsten
	enger	
flink		
		am bangsten

2. Schreibe das passende Tunwort (Verb) in die Satzlücke.
Achte auf die richtige Personalform.
Folgende Wörter fehlen:
hängen, schwingen, klingen, fangen, singen, hinken, lenken, schwanken, versinken, danken.

Der Fußballspieler ________________ vom Spielfeld.

Die Katze ________________ eine Maus.

Der Kutscher ________________ die Pferde.

Zur Begrüßung ________________ der Chor einen Kanon.

Der hochbeladene Heuwagen ________________ bei der Fahrt.

Der Adventskranz ________________ an der Decke.

Die Abendglocke ________________ durch das ganze Tal.

Das Publikum ________________ dem Sänger mit anhaltendem Applaus.

Die goldene Abendsonne ________________ im Meer.

Das Kind ________________ mit der Schaukel hoch in die Luft.

Weicher oder harter Auslaut (ng oder nk)

Das Stinktier

1. Was ist denn nur mit diesem Text geschehen?
Markiere jedes Wortende durch einen senkrechten Strich.

dasstink tierlebtina merika.

ihmfeh lenschar fekrallen, ums ichzuverteidigen.

abertrotz demhate seinewirk samewaffe.

wennei nfeindnaht, stellte sseinenschwanzhoch, drehtsichblitz schnellum undspritzt

deman greiferein estinken deflüssig keiten tgegen.

da mitkannes seinengeg nerbis zuein erentfern ungvonsechsme terntreffen.

dadieseflüssigkeitsofürchterlichstinkt,

fürchtend iemeisten tiereein ebegegn ungmit demstinktier.

dieflüs sigkeitder stink tierehatab ernocheine sehrgefähr lichewirkung.

wennsienäm lichin dieaugengerät, könnenmen scheno dertier eblindda vonwerden.

2. Schreibe den Text richtig auf.
Achte auf die Großschreibung der Satzanfänge und der Namenwörter (Nomen).

6. Was läuft im Fernsehen?

Wörter mit ai

Was läuft im Fernsehen?

Felix ist **allein** zu Hause. Er schaltet den Fernseher **ein**, um die Programme durchzusehen. **Eine Weile** schaut er dem Märchenfilm „Des **Kaisers** neue **Kleider**“ zu. Dann folgen die Nachrichten. Er erfährt, dass in Japan ein **Taifun** wütet und meterhohe Wassermassen den **Kai** überfluten. Viele Menschen mussten sterben. Viele Kinder wurden zu **Waisen**.
Anschließend berichtet der Sprecher über den Karneval in **Mainz**. Felix schaltet **weiter**.
In vielen Programmen läuft gerade Werbung.
Lustlos blickt er auf die **Mattscheibe**.
Plötzlich stürmt **seine kleine** Schwester **herein** und ruft: „Schalte bitte schnell um, denn **gleich** beginnt die Sendung über **Haie**.“ „Woher willst du das denn wissen?“, **meint** Felix. „Ich habe im Programmheft nachgesehen“, antwortet sie.

1. Lies den Text aufmerksam und erzähle von deiner Lieblingssendung im Fernsehen.

2. Suche die Wörter mit **ei** und **ai** heraus und trage sie in die Tabelle ein.

Wörter mit ei	Wörter mit ei	Wörter mit ai

3. Ordne die Wörter mit **ai** nach dem ABC.

Merke!

Wörter mit **ei** und **ai** klingen gleich, deshalb musst du dir die wenigen Wörter einprägen, die mit **ai** geschrieben werden.

Wörter mit ai

1. Schreibe die Rückwärtswörter richtig daneben.

Rückwärtswörter	
I A K:	R E S I A K:
I A H:	E S I A W:
I A M:	Z N I A M:
B I A L:	N I A M:
S I A M:	H C I A L:

Kreuzworträtsel

2. Trage die Wörter entsprechend ihrer Bedeutung in das Rätsel ein.

Du findest sie bei den Rückwärtswörtern.

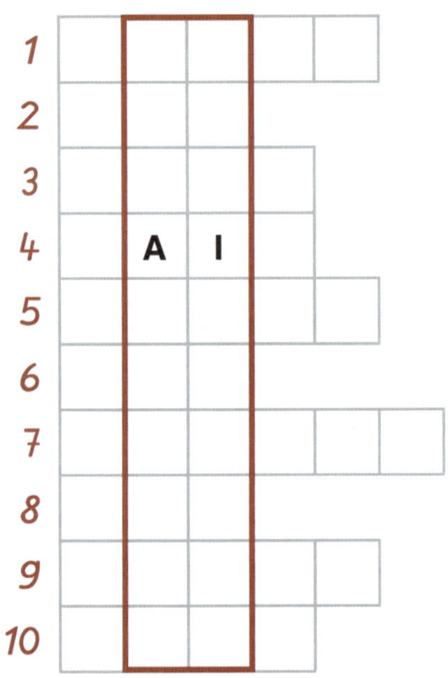

Die Wörter bedeuten:

1 Kind ohne Eltern
2 hier legen Schiffe an
3 größter rechter Nebenfluss des Rheins
4 Getreideart
5 Eier von Fröschen
6 der fünfte Monat im Jahr
7 ... und König
8 Raubfisch
9 Name einer Stadt
10 geformtes Brot

Reime

3. Trage in jede Satzlücke das passende Wort mit **ai** ein.

Ein mächtiger Herrscher ist ein ________________. Wer ständig schreit, wird heiser.

Eine Geige hat vier ________________. Ein dickes Buch hat viele Seiten.

Maiglöckchen blühen im ________________. Eine Hafenmauer heißt ________________.

Die Amerikaner essen gern ________________, die Japaner lieber Reis.

Froscheier heißen ________________. Frösche quaken laut im Teich.

Wer kein Experte ist, ist ein ______________. Als gefährliche Fische gelten die ______________.

Ein ganzes Brot ist ein ________________. Früher sagte man zu einer Frau Weib.

Wörter mit ai

Namenwörter (Nomen) wachsen zusammen

1. Finde die drei Wörter, die mit jeweils einer Wortgruppe zusammengesetzt werden können.
Schreibe das Wort vor die Wortgruppe auf die Linie.

________ →	________ →	________ →
Korn	Feier	Quelle
Feld	Baum	Tal
Kolben	Glöckchen	Ufer
Brei	Käfer	Mündung
Mehl	Fest	Brücke

2. Schreibe nun die zusammengesetzten Wörter auf.

Verwandte Wörter

Kaiser	**Mais**	**Laich**	**Main**	**Mai**	**Hai**	**Kai**

Haifisch	Kaimauer	Maimonat	Maiskolben	Maisfeld
Kaiserreich	Maiglöckchen	Maintal	Kaiserkrone	Kaistraße
Mainufer	Menschenhai	Laichplatz	Froschlaich	

3. Je drei Wörter sind verwandt. Suche sie heraus und schreibe sie nebeneinander.
Schreibe zuerst die fett gedruckten Wörter untereinander.

Wörter mit ai

Erinnere dich an den Anfangstext in dieser Lerneinheit

1. Beantworte die Fragen in einem Satz.

- Womit beschäftigte sich Felix, als er allein zu Hause war? ____________________
- Wie hieß der Märchenfilm, den sich Felix im Fernsehen anschaute? ____________________
- Was erfuhr Felix in den Nachrichten? ____________________

  ____

  ____
- Welche Sendung wollte seine Schwester sehen? ____________________
- Welche Sendungen siehst du besonders gern? ____________________

  ____

Was läuft im Fernsehen?

2. Lass dir die fehlenden Wörter von einem Partner diktieren. Die Wörter stehen im Text am Anfang dieser Lerneinheit.

Felix ist __________ zu Hause und __________ sich.

Er schaltet den Fernseher __________, um die Programme durchzusehen.

Eine __________ schaut er dem Märchenfilm „Des __________ neue __________“ zu.

Dann folgen die Nachrichten. Er erfährt, dass in Japan ein __________ wütet und

meterhohe Wassermassen den __________ überfluten. Viele Menschen mussten sterben.

Viele Kinder wurden zu __________. Anschließend berichtet der Sprecher über den

Karneval in __________. Felix schaltet __________. In vielen Programmen

läuft gerade Werbung. Lustlos blickt er auf die __________.

Plötzlich stürmt __________ __________ Schwester __________ und ruft:

„Schalte bitte schnell um, denn __________ beginnt die Sendung über __________.“

„Woher willst du das denn wissen?“, __________ Felix. „Ich habe im Programmheft

nachgesehen“, antwortet sie.

7. Vögel, die nicht fliegen können

Wörter mit V/v

Vögel, die nicht fliegen können

Der Vogel Strauß gehört zu den Vogelarten, die nicht fliegen können.
Er ist der größte Vogel auf unserer Erde. Er ist größer als ein Mensch. Fliegen kann er nicht, weil er zu schwer ist. Außerdem hat er nur kleine Schwungfedern.
Wenn er fliehen muss, läuft er auf seinen starken Beinen davon. Er rennt schneller als seine Feinde. Aber er kann sich auch gut mit seinem kräftigen Schnabel und seinen starken Füßen verteidigen.

Der Pinguin kann auch nicht fliegen. Aber er kann sehr gut schwimmen. Seine Flügel gebraucht er als Flossen und seine Füße als Ruder.
Wenn er angegriffen wird, verteidigt er sich erfolgreich mit seinem Schnabel und seinen Füßen.

1. Lies den Text aufmerksam und beantworte die folgenden Fragen in einem Satz.

- Welche Vögel werden hier beschrieben? ____________________
- Warum kann der Vogel Strauß nicht fliegen? ____________________

  ____
- Wie verteidigt sich der Vogel Strauß? ____________________

  ____
- Was kann der Vogel Strauß besonders gut? ____________________
- Was kann der Pinguin besonders gut? ____________________
- Wie verteidigt sich der Pinguin? ____________________

Wörter mit **Vogel** zusammensetzen

2. Schreibe die zusammengesetzten Namenwörter (Nomen) auf die Linien.

Schutz

Nest, Gezwitscher, Junges, Ring

Futter, Häuschen, Eltern, Käfig

Flug

Vogelfutter, ____________________

____

____

____

____

Wörter mit V/v

Wörter, in denen das **v** wie **w** gesprochen wird

1. Schreibe die folgenden Wörter unter die Bilder: **Vase, Villa, Vulkan, Klavier, Video.**

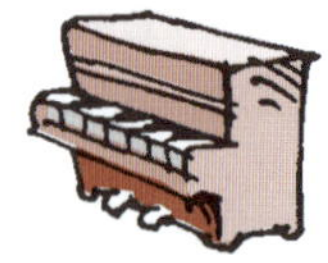

Wortsuchrätsel

A	D	V	E	N	T	V	E	R	B
J	N	K	U	R	V	E	T	B	P
M	V	I	O	L	I	N	E	H	Q
Q	G	H	V	V	P	V	A	S	E
Z	X	F	S	V	U	L	K	A	N
Z	N	O	V	E	M	B	E	R	G
N	C	Z	R	A	O	C	C	U	H
L	O	K	O	M	O	T	I	V	E
K	L	A	V	I	E	R	B	H	J
H	Y	Z	K	V	E	N	T	I	L

2. In diesem Suchrätsel sind waagerecht zehn Wörter mit **V/v** versteckt. Kreise sie ein.

3. Schreibe die Wörter neben den Rätselkasten.

4. Schreibe die Wörter ihrer Bedeutung entsprechend in den Text.

- Zugmaschine, die auf Schienen fährt: ______
- Der elfte Monat im Jahr: ______
- Saiteninstrument: ______
- Tasteninstrument: ______
- Dadurch wird Luft in den Schlauch gepumpt: ______
- Die Zeit vor Weihnachten: ______
- Ein feuerspeiender Berg: ______
- Die scharfe Biegung einer Straße: ______
- Anderes Wort für Tunwort: ______
- In ihr stehen Blumen: ______

Merke!

Wörter, bei denen das **v** wie **w** gesprochen wird, sind meistens Fremdwörter.
Beispiel: Klavier

Merke!

- Manchmal wird **v** wie **f** gesprochen. **Beispiel:** Vater, vier
- Manchmal wird **v** wie **w** gesprochen. **Beispiel:** Vase, Klavier

Wörter mit V/v

v mal wie **f**, mal wie **w**

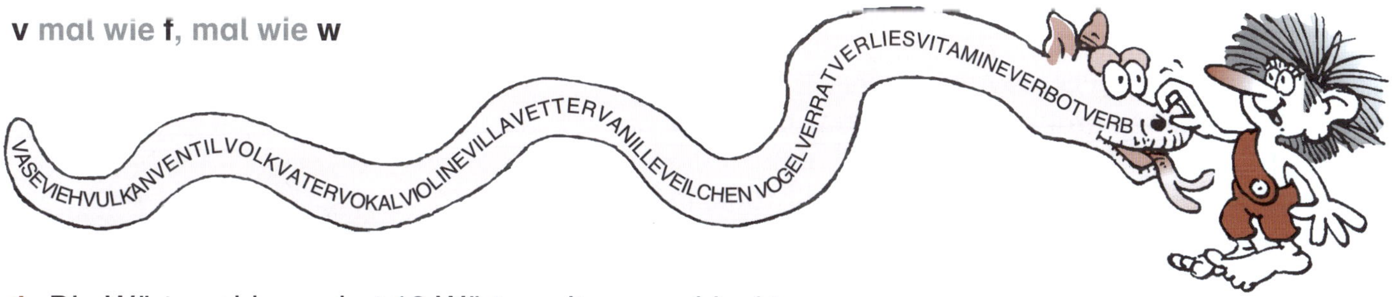

1. Die Wörterschlange hat 18 Wörter mit **v** verschluckt.
Ordne die Wörter in die Tabellen ein. !

v wie w gesprochen

v wie f gesprochen

Vögel, die nicht fliegen können

2. Lass dir von einem Partner die fehlenden Wörter diktieren.
Du findest sie im Text am Anfang dieser Lerneinheit. Kontrolliere!

Der Vogel ________________ gehört zu den ____________________, die nicht fliegen können.

Er ist der ________________ Vogel auf unserer Erde. Er ist ________________ als ein Mensch.

Fliegen ________________ er nicht, weil er zu ________________ ist.

Außerdem hat er nur kleine ____________________.

Wenn er fliehen ________________, ________________ er auf seinen starken Beinen davon.

Er ________________ schneller als seine Feinde. Aber er kann sich auch gut mit seinem

________________ Schnabel und seinen starken Füßen ________________________.

Der Pinguin kann auch nicht ________________. Aber er kann sehr gut ____________________.

Seine Flügel gebraucht er als ________________ und seine ________________ als Ruder.

Wenn er ____________________ wird, ____________________ er sich erfolgreich mit

seinem ________________ und seinen Füßen.

Vorsilben mit V/v

Advent

In der Schule feiern wir die Adventszeit.
Ein Vater hat einen großen Adventskranz mit roten Bändern unter der Decke befestigt.
Vier rote Adventskerzen stecken auf dem Kranz. In jeder Adventswoche zünden wir eine Kerze mehr an.
Wir haben auch einen Adventskalender gebastelt. An jedem Adventstag öffnet ein Kind ein Fenster in dem Kalender und findet dahinter eine kleine Überraschung.
Wir dürfen auch Adventsgeschichten vorlesen.
Wenn wir Adventslieder singen, begleitet uns unsere Lehrerin auf dem Klavier. Lisa bringt ab und zu ihre Violine mit und spielt uns ein Lied vor. Aber manchmal können wir das Lied, das sie uns vorspielt, nicht wiedererkennen. Dann lacht sie verschämt und verspricht, noch einmal zu üben.

1. Lies den Text aufmerksam. Wie feiert ihr die Adventszeit? Erzähle!
Du findest in dem Text acht Wörter, die mit **Advent-** zusammengesetzt sind.
Schreibe diese Wörter auf.

Achte auf das Fugen-s zwischen den beiden Namenwörtern (Nomen). Du darfst es an der Nahtstelle nicht vergessen.

2. Du findest in dem Text vier Wörter, die mit der Vorsilbe **ver-** oder **vor-** geschrieben werden. Schreibe diese Wörter auf.

3. Schreibe zu den folgenden Namenwörtern (Nomen) das verwandte Tunwort (Verb):
die Verdeutlichung, die Vernetzung, das Vertrauen, die Verdächtigung, die Verpackung, die Verdrehung, die Verkühlung, die Verstärkung, die Verdrängung, das Versäumnis. Beispiel: die Verteidigung – verteidigen, ...

Vorsilben mit V/v

Verwandte Namenwörter (Nomen)

1. Schreibe zu jedem Tunwort (Verb) ein verwandtes Namenwort (Nomen), das ohne die Vorsilbe **vor-** geschrieben wird. Benutze dein Wörterbuch. **Beispiel: vorbohren – der Bohrer, …**

vorfühlen, vorfahren, vorspiegeln, vorspringen, vorreiten, vorführen, vorfeiern, vorturnen, vorsprechen, vortanzen

Namenwörter mit der Vorsilbe **Voll-**

2. Bilde Namenwörter (Nomen) mit der Vorsilbe **Voll-**.
Beispiel: Pension – Vollpension, …

Voll

Bremsung, Dampf, Bad, Treffer, Milch, Gas, Bart, Mond, Waise, Gummireifen

3. Bilde mit diesen 10 Wörtern Sätze.

Wiewörter (Adjektive) mit der Vorsilbe **voll-**

4. Bilde Wiewörter (Adjektive) mit der Vorsilbe **voll-** und schreibe sie auf.

voll

zähl	ig
ständ	ig
jähr	ig
wert	ig
schlank	–
kom	men

Merke! Merke dir, wie die Vorsilben **ver-**, **vor-** und **voll-** geschrieben werden.

Vorsilben mit V/v

Wiewort (Adjektiv) gesucht

1. Schreibe passende Wiewörter (Adjektive) in die Satzlücken.
   Verwende die Wörter aus Aufgabe 4 von der vorigen Seite.

- Vollkornbrot ist ein ______________________ Nahrungsmittel und sehr gesund.
- Mit 18 Jahren ist man ______________________ und ist für seine Handlungen voll verantwortlich.
- Die Kinder haben ihre Koffer für die Reise schon ______________________ gepackt.
- Vor der Abfahrt überprüft die Lehrerin, ob sich alle Kinder ______________________ versammelt haben.
- Die Demo verlief ______________________ friedlich.
- Trolli meint, dass er ______________________ sei.
- Mutter fragt: „Hast du deine Hausaufgaben ______________________ gemacht?“
- Die Kleidermode bringt auch schicke Sachen für ______________________ Menschen.

Tunwörter (Verben) mit der Vorsilbe **voll-**

2. Schreibe passende Tunwörter (Verben) in die Satzlücken.
   Verwende die fünf Wörter, die du dir merken sollst.
   Achte auf die Änderung bei der Personalform.

- Mit einem Los für die „Aktion Mensch“ kann man für Behinderte eine gute Tat ______________________.
- Das Urteil soll in einem Monat ______________________ werden.
- Der Schriftsteller will sein Buch heute noch ______________________.
- Die Haft wird nicht ______________________, sondern zur Bewährung ausgesetzt.
- Die Schüler ______________________ so einen Lärm, dass der Lehrer nicht unterrichten kann.

Merke!

Nur sehr wenige **Tunwörter (Verben)** haben die Vorsilbe **voll-**.

Vorsilben mit V/v

Vorsilben verändern die Bedeutung der Tunwörter (Verben)

1. Schreibe die Tunwörter (Verben) mit den Vorsilben **ver-** und **vor-** zusammen.
Beispiel: verkochen – vorkochen, ...

	kochen		
	tragen	lesen	
schreiben	laufen	sprechen	
drängen	bringen	malen	fahren

____

____

____

____

____

2. Bilde mit zehn Wörtern von Aufgabe 1 Sätze.

Advent

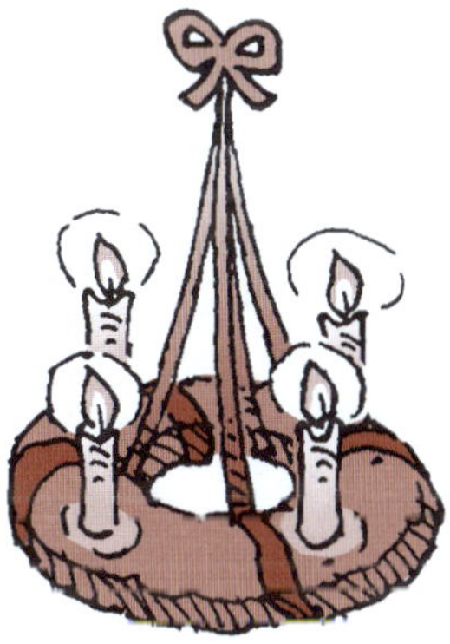

3. Schreibe die folgenden Wörter in die passenden Sätze:
Adventslieder, Adventskalender, Adventswoche, Adventszeit, Adventsgedicht, Adventskranz, Adventsgeschichte, Adventskerzen, Adventstag.

Wir feiern die ______________________________ .

Ein großer ______________________________ hängt unter der Decke.

In dem Kranz stecken vier rote ______________________________ .

Wir haben auch einen ______________________________ gebastelt.

Jeden ______________________________ öffnet ein Kind ein Fenster in dem Kalender.

In jeder ______________________ dürfen wir eine ______________________________ vorlesen.

Wir singen häufig ______________________________ .

Viele Kinder können ein ______________________________ vortragen.

9. An der Nordsee

Wörter mit Qu/qu

An der Nordsee

In diesem Jahr verbrachten meine Eltern mit mir den Urlaub auf der Insel Norderney. In dieser Zeit war der Sommer unglaublich heiß. Die Sonne brannte vom wolkenlosen Himmel, sodass es schon eine Qual war. Darum hielten wir uns fast nur noch am Strand auf und gingen täglich mehrmals zum Baden ins Meer.

Da sich kaum ein Lüftchen regte, gab es auch keine hohen Wellen. So schwamm ich mit meinen Eltern oft weit hinaus und wir genossen das herrlich kühle Wasser. Aber auf einmal waren wir von einem großen Schwarm Quallen umgeben. Vor Schreck schrie ich laut auf und hatte nur noch einen Wunsch. Ich wollte so schnell wie möglich an den Strand schwimmen.

1. In diesem Text werden zwei Wörter mit **Qu** geschrieben. Unterstreiche diese Wörter und schreibe sie auf.

____

Wortarten unterscheiden

2. Ordne die folgenden Wörter in Namenwörter (Nomen) und Tunwörter (Verben):
Quelle, quellen, quirlen, Quirl, Qualm, Quark, qualmen, quatschen, quaken, Quatsch, Quiz, Quartier, quietschen, quasseln, quälen, Quadrat, Quitte, Quittung, quieken, überqueren.

Namenwörter (Nomen)

____

____

____

____

____

Tunwörter (Verben)

____

____

____

____

Merke!

Qu/qu wird wie kw gesprochen.

Wörter mit Qu/qu

Wortsuchrätsel

F	S	Z	Q	G	N	C	Z	R	A	Q
O	C	Q	U	C	U	H	B	Q	H	U
Q	Q	U	E	J	H	Y	Z	U	K	I
U	U	A	C	Q	Q	Q	U	A	L	Z
A	I	D	K	U	U	H	E	R	E	Q
L	T	R	S	I	A	K	K	T	Q	S
M	T	A	I	T	L	I	Q	I	U	F
E	U	T	L	T	L	P	C	E	E	L
X	N	G	B	E	E	U	J	R	L	H
X	G	Q	E	Q	Q	U	I	R	L	L
C	O	S	R	Q	U	A	R	K	E	X

1. In dem Wortsuchrätsel sind waagerecht und senkrecht 12 Wörter mit **Qu** versteckt.
Kreise die Wörter ein und schreibe sie auf.

waagerecht: ______________________________

____

senkrecht: ______________________________

____

____

____

Wörterschlange

2. In der Wörterschlange findest du 10 Wörter.
Trage sie in das Kammrätsel ein.
Ziehe zwischen den Wörtern einen senkrechten Strich.

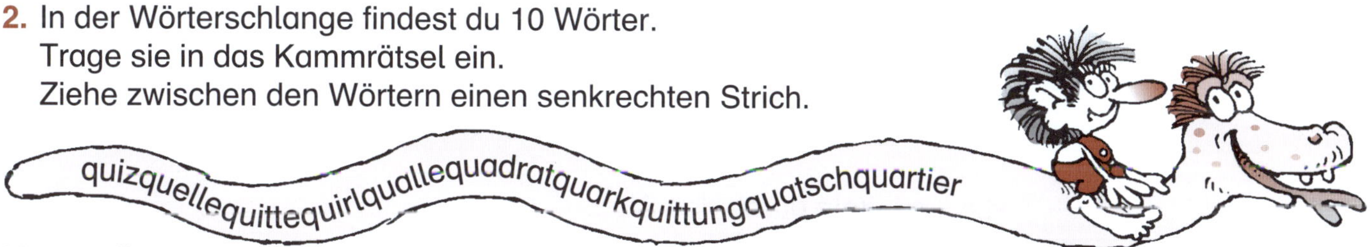

Kammrätsel

1								
2								
3								
4								
5								
6								
7								
8								
9								
10								

Die Wörter bedeuten:

1. Viereck mit 4 gleichen Seiten
2. Ratespiel
3. Bescheinigung eines Geldbetrages
4. Tier im Meer
5. Käseart
6. Küchengerät
7. Kernobst
8. Unterkunft
9. Unsinn
10. Beginn eines Baches

3. Trage Wörter mit **Qu** in das Kreuzworträtsel ein.

Kreuzworträtsel

1							Q				
2							U				
3							I				
4							T				
5							T				
6							E				
7							N				

Wörter mit Qu/qu

Tunwörter (Verben)

1. Bilde aus den Silben Tunwörter (Verben).
   Schreibe sie in die Linien.

____

____

____

____

2. Schreibe die Wörter von Aufgabe 1 in die passenden Satzlücken.
   Achte darauf, dass die Tunwörter (Verben) sich in der Personalform verändern.

Der Frosch _______________ am Teich. Der süße Brei _______________ über den Topfrand.

_______________ nie ein Tier zum Scherz, denn es fühlt wie du den Schmerz.

Mutter _______________ das Ei für den Pfannkuchen. Das Ferkel _______________ im Stall.

Mutter _______________ die Kartoffeln durch das Sieb.

In der Pause _______________ alle Schüler durcheinander.

Der Kamin _______________ , weil das Holz zu feucht ist.

An der Nordsee

3. Ziehe Trennstriche zwischen den einzelnen Wörtern.
   Kreise die Buchstaben, die großgeschrieben werden müssen, rot ein.

Unserenurlaubverlebtenwirindiesemjahraufderinselnorderney.
Indieserzeitwaresunglaublichheiß.
Diesonnebranntedenganzentagvomwolkenlosenhimmel.
Manchmalwardasschoneinequal.
Wirhieltenunsfastnurnochamstrandauf.
Täglichgingenwirmehrmalsinsmeer.
Oftschwammichmitmeinenelternweithinaus.
Wirgenossendaskühlewasser.
Einmalaberwarenwirplötzlichvoneinemgroßenschwarmquallenumgeben.
Vorschreckschrieichlautauf.
Ichwolltenurnochganzschnellandenstrandschwimmen.
Späterkonnteichübermeinepaniklachen.

4. Schreibe die Sätze nun richtig.
   Überprüfe die Großschreibung der Namenwörter (Nomen) mit dem Wörterbuch.

5. Z Wo hast du deine Ferien verlebt?

10. Die Eidechse

Wörter mit chs

Die Eidechse

An sonnigen Sommertagen kannst du mit etwas Glück auf einem warmen Stein eine **Eidechse** entdecken. Du musst dich aber ganz still verhalten, wenn du sie beobachten willst, denn diese kleinen Tiere sind sehr scheu.
Wenn es warm ist, sind sie flink und lebhaft. Bei kühlem Wetter dagegen sind sie langsam und träge. Das hängt mit ihrer **wechselnden** Körpertemperatur zusammen, die bei Wärme steigt und bei Kälte sinkt.
Die **Eidechse** verhält sich wie alle **wechselwarmen** Tiere, denn im Herbst verkriecht sie sich in einem Versteck und verbringt den Winter in Winterstarre.
Eine besondere Eigenschaft hat die **Eidechse**. Sie kann nämlich ihren Schwanz abwerfen. Der Schwanz **wächst** später wieder nach.

1. Lies den Text aufmerksam und beantworte die Fragen in einem Satz.

- Bei welchem Wetter kann man eine Eidechse beobachten? ______________________

  ____

- Wie verhält sich die Eidechse bei warmem Wetter? ______________________

  ____

- Wie verhält sich die Eidechse bei kühler Temperatur? ______________________

  ____

- Wie verbringt die Eidechse den Winter? ______________________

  ____

- Was erfährst du über den Schwanz der Eidechse? ______________________

  ____

2. Z Weißt du noch mehr über die Eidechse oder andere wechselwarme Tiere? Schau in einem Lexikon und in Sachbüchern nach.

Merke! Die Wörter **Eidechse**, **wachsen** und **wechseln** werden mit **chs** geschrieben.

Wörter mit chs

Merkwörter mit **chs**

1. Trage die fehlenden Buchstaben in die Wortlücken ein.

die Eide_____e der Fu_____ der Da_____ der O_____e der La_____

  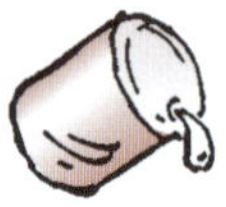   

Wa_____ A_____e Bü_____e Gewä_____ Dei_____el se_____

Wortsuchrätsel

2. Du findest in diesem Wortsuchkasten zehn Namenwörter (Nomen), die mit **chs** geschrieben werden. Kreise diese Wörter ein. Du findest sie waagerecht und senkrecht.

3. Schreibe dann die Wörter neben den Kasten. Du findest die Wörter auch in Aufgabe 1.

V	V	P	L	Z	X	F	S	W	Z
G	N	D	A	C	D	Z	R	A	A
B	O	A	C	C	E	C	A	C	U
Ü	O	C	H	H	I	B	C	H	H
C	C	H	S	J	C	H	H	S	Y
H	H	S	Z	K	H	H	S	E	E
S	S	Q	K	K	S	S	E	I	Q
E	E	E	I	D	E	C	H	S	E
F	U	C	H	S	L	F	E	P	C
L	X	G	G	E	W	Ä	C	H	S

waagerecht: __________

senkrecht: __________

Namenwörter (Nomen) zusammensetzen

Fuchs Wachs Büchsen Ochsen
Lachs Dachs Gewächs Deichsel

Kerze Schwanz Karren Bau
Haus Forelle Milch Bruch

4. Z Setze ein Wort aus der einen Kiste mit einem Wort aus der anderen Kiste zusammen.

Wörter mit chs

Wortfamilie **wachsen** und Wortfamilie **wechseln**

1. Ordne die beiden Wortfamilien und kreise den Wortstamm farbig ein.

wachsen	Wechselgeld	Wachstum	wächst	verwechseln
Wildwechsel	Gewächs	erwachsen	wechseln	abwechseln

wachs en, ____

____

wechs eln, ____

____

Nicht verwechseln!

Grundform	Ich-Form	Du-Form	Er-/Sie-/Es-Form
wechseln	wechsle	wechselst	wechselt
wachsen	wachse	wächst	wächst

Wir-Form	Ihr-Form	Sie-Form
wechseln	wechselt	wechseln
wachsen	wachst	wachsen

2. Schreibe mit allen Personalformen des Tunwortes (Verb) **wechseln** Sätze.
Kontrolliere mit deinem Wörterbuch. Folgende Dinge kannst du zum Beispiel wechseln: Geld, Schuhe, Strümpfe, Pullover, Haarfarbe, Wohnort, Beruf, Schule usw.

3. Trage die richtige Form des Tunwortes (Verbs) **wachsen** in die Satzlücken ein.

Mutter sagt zu ihrem Sohn: „Du ____________ schnell aus deiner Kleidung heraus."

Vater meint : „Er ____________ viel zu schnell, deshalb schmerzen seine Beine."

Ein Sprichwort sagt: „Die Bäume ____________ nicht in den Himmel."

Felix erklärt lachend: „Ich ____________ meinem Vater bald über den Kopf."

Vater erwidert scherzhaft: „Ja, wir ____________ bald in die Erde."

Mutter meint: „Ich hoffe, ihr ____________ zu liebenswerten Menschen heran."

Felix fragt: „Warum ____________ meine kleine Schwester nur so langsam?"

Wörter mit chs

Wortfamilie **wechseln**

1. Schreibe die folgenden Wörter in die richtige Satzlücke:
verwechseln, wechselhaft, umwechseln, Wildwechsel, Reifenwechsel, auswechseln, Verwechslung, abwechseln, Abwechslung, abwechslungsreich. !

- Im April ist das Wetter meistens ______________________.
- Während unserer Ferien erhielten wir ______________________ Mahlzeiten.
- Manche Zwillinge kann man leicht ______________________.
- Bei der Sparkasse kann ich Münzen in Geldscheine ______________________.
- Bei dem Schulfest wurde für vielfältige ______________________ gesorgt.
- Mehrere Schüler werden sich beim Gedichtvortrag ______________________.
- Mutter bringt ihr Auto zum ______________________ in die Werkstatt.
- Kennst du das Verkehrsschild, das vor ______________________ warnt?
- Dem Kellner war eine ______________________ bei den Bestellungen passiert.
- Im Laufe des Spiels wird der Trainer bestimmt einen Spieler ______________________.

Die Eidechse

2. Ziehe nach jedem Wortende einen senkrechten Strich.
Achte auf die Großschreibung der Namenwörter (Nomen).
Kreise den Buchstaben ein, der großgeschrieben werden muss.

Inwarmerumgebungsinddieeidechsenflinkundlebhaft.

Beikühlentemperaturendagegensindsielangsamundträge.

Dashängtmitihrerwechselndenkörperwärmezusammen.

BeiwärmesteigtihrekörpertemperaturnämlichundbeiKältesinktsie.

Dieeidechseverhältsichwieallewechselwarmentiere.

Imherbstverkriechtsiesichineinemversteckundverbringtdortdenwinterinwinterstarre.

3. Schreibe den Text richtig ab.

11. Alexandra

Wörter mit dem ks-Laut

Alexandra

Felix will seine Hausaufgaben machen. Er muss eine **Textaufgabe** lösen. Aber **verflixt**, es ist wie **verhext**. Er kann sich nicht konzentrieren, denn dauernd denkt er an **Alexandra**.

Sie ist anders als die anderen Mädchen in seiner Klasse. Er findet **Alexandra** richtig prima. Im Unterricht hat sie ihm heute ihr **Lexikon** geliehen. Außerdem hat sie ihn in der Mathestunde von links **extra** in die Seite **geboxt,** um ihn vor der Lehrerin zu warnen, als er mal wieder mit seinem Freund einen **Jux** machte. Er hatte **fix** reagiert, sodass die Lehrerin nichts gemerkt hat. Aber vor Schreck machte er einen **Tintenklecks** in sein Heft.

Jetzt fragt **Felix** sich, warum **Alexandra** heute mit einem **Taxi** zur Schule gekommen ist. Das beunruhigt ihn. „Ich werde sie anrufen und fragen", beschließt er. „Ich werde sie auch bitten, mit mir ins Kino zu gehen, um den Film ‚**Asterix** und **Obelix** bei den Römern' anzusehen."

1. Lies den Text aufmerksam. Warum ist Alexandra mit dem Taxi gekommen? Wird sie mit Felix ins Kino gehen? Sprecht darüber.

2. Schreibe die fett gedruckten Wörter ab. Kreise den **ks-Laut** rot ein. Du brauchst jedes Wort nur einmal zu schreiben.

____

____

____

Wörter mit **ks** oder **cks**

3. Schreibe mit jedem Wort einen Satz.

Kleckse ______________________________

Kekse ______________________________

links ______________________________

Knicks ______________________________

Merke!

Der ks-Laut kann auf mehrere Arten geschrieben werden. Es gibt keine Regel dafür. Deshalb musst du dir diese Merkwörter besonders gut einprägen. Beispiel: Eidechse, Text, Klecks, Keks.

Wörter mit dem ks-Laut

Wörter mit x

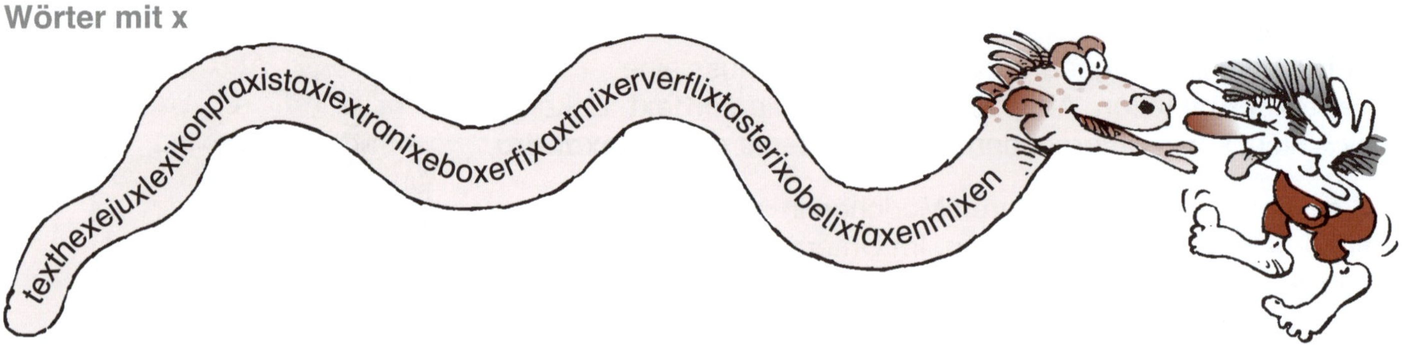

1. Ziehe hinter jedem Wort in der Schlange einen senkrechten Strich.
Schreibe die Wörter auf. Vergiss bei den Namenwörtern (Nomen) den Begleiter (Artikel) nicht. !

____

____

____

____

2. Schreibe die Wörter von Aufgabe 1 in die richtigen Satzlücken.

Felix schlägt im ______________ nach. Er findet den ______________ interessant.

Alexandra liest das Buch „Die kleine ______________" von Ottfried Preußler.

Sie liebt Geschichten, die von Hexen und ______________ erzählen.

Vater schreit auf: „______________." Er hat sich mit der ____________ an der Hand verletzt.

Er fährt mit einem ______________ zur ______________ des Unfallarztes.

Der Apotheker ______________ ihm ______________ eine Heilsalbe.

Der Wettkampf endete für die beiden ______________ unentschieden.

Die Kinder lieben ihren Klassenlehrer, weil er auch mal einen ______________ versteht.

Mutter benutzt immer ihren ____________, wenn sie ____________ einen Kuchen backen will.

Max schaut den Film „______________ und ______________ bei den Römern" an.

Der Clown erheitert die Zuschauer mit seinen ______________.

3. Z Bilde zusammengesetzte Namenwörter (Nomen).

Text Hexen Nixe Lexikon Praxis Taxi Boxer Mixer

Besen Arzt Getränke Fahrer Wasser Tier Aufgabe Handschuhe

Wörter mit dem ks-Laut

Alexandra

1. Lass dir die fehlenden Wörter von einem Partner diktieren.
Vergleiche deine Rechtschreibung mit dem Text am Anfang dieser Lerneinheit.

__________________ will seine Hausaufgaben machen.

Er muss eine ____________________ lösen. Aber ______________, es ist wie ______________.

Er kann sich nicht konzentrieren, denn dauernd denkt er an _____________________.

Sie ist anders als die anderen Mädchen in seiner Klasse.

Er findet _____________________ richtig prima.

Im Unterricht hat sie ihm heute ihr _________________ geborgt.

Außerdem hat sie ihn in der Mathestunde von links _________________ in die Seite

_________________, um ihn vor der Lehrerin zu warnen, als er mal wieder mit seinem Freund

einen ____________ machte. Er hatte ____________ reagiert, sodass die Lehrerin nichts merkte.

Aber vor Schreck machte er einen _________________ in sein Heft.

Jetzt fragt _______________ sich, warum ____________________________ heute mit einem

_______________ zur Schule gekommen ist.

„Ich werde sie anrufen und fragen“, beschließt er, „und ich werde sie auch bitten, mit mir ins

Kino zu gehen, um den Film, ‚_________________ und _________________ bei den Römern‘

anzusehen.“

2. Ziehe senkrechte Striche zwischen den Wörtern.

- Felixmachtseinehausaufgaben.
- Erwilleinetextaufgabelösen.
- Abererkannsichnichtkonzentrieren.
- Dauerndmusseranalexandradenken.
- Erfindetalexandraprima.
- Imunterrichthatsieihmheuteihrtierlexikongeliehen.
- Warumistalexandraheutemitdemtaxizurschulegekommen?
- Felixistbeunruhigt.

3. Schreibe die Sätze richtig ab. Achte auf die Großschreibung der Namenwörter (Nomen).
Kontrolliere mit dem Wörterbuch.

12. Grau und rot

Wörter mit betontem, langem Selbstlaut

Grau und rot

Ein verirrter **Esel** lachte
sich im Walde **beinah tot**,
denn vor **ihm** auf einem Baume
saß ein Eichhorn – feuerrot.

Brüllend, pustend, **quiekend**, kichernd
rief er: „So was **sah** ich **nie**!
Ha, I – a! wie ist das komisch!
Rote **Haare** hat das **Vieh**!"

Lassen wir den Esel kichern!
Das gescheite Eichhorn spricht:
„Über rote Haare lachen
nur die Esel!" – Oder nicht?

Zbigniew Lengren

1. Lies das Gedicht mehrere Male, damit du es deiner Klasse gut vorlesen kannst.

2. Was erzählt uns das Gedicht? Sprecht darüber. Schreibe auf.

3. Beantworte die folgenden Fragen in einem Satz.
   - Wer hatte sich im Walde verirrt? ______________________
   - Wer saß auf einem Baum? ______________________
   - Mit welchen Wörtern wird das Lachen des Esels beschrieben? ______________________
     ____
   - Worüber lacht der Esel? ______________________
   - Was antwortet das Eichhörnchen? ______________________

4. Die fett gedruckten Wörter in dem Gedicht haben einen betonten, langen Selbstlaut. Ordne diese Wörter in die Tabelle ein.

kein Dehnungs-zeichen	Dehnungs-h	Wörter mit ie	Wörter mit ieh	doppelter Selbstlaut

5. Z Sucht zu jeder Gruppe noch mehr Wörter. Schaut auch im Wörterbuch nach.

Wörter mit doppeltem Selbstlaut

Merke!

Bei manchen Wörtern werden die Selbstlaute **a**, **e** und **o** verdoppelt, wenn sie lang gesprochen werden.
Beispiel: Haar, Klee, Boot

Reimwörter

1. Schreibe die Reimwörter.

Haar	Saat	Teer	Tee	Kaffee	leer	Fee
P	St	Sp	S	All	M	Kl

Zusammengesetzte Namenwörter (Nomen)

2. Setze immer zwei Wörter zu einem Namenwort (Nomen) zusammen.

Meer, Moor, See, Saal, Moos, Teer, Lorbeer, Zoo, Haar, Staat, Boot, leer, Tee, Klee

↔

Polster, Spange, Salz, Gut, Bürger, Miele, Futter, Pferdchen, Kanne, Leiche, Kranz, Verleih, Tiere, Straße

Kleintier, Kartoffel, Tanz, Brief, Torf, Paddel, Frühjahr, Hochzeit, Sklaven, Kräuter, Kastanien, Quitten

↔

Saal, Allee, Waage, Galeere, Püree, Boot, Saat, Moor, Paar, Zoo, Tee, Gelee

Grau und rot

3. Bringe die Sätze in die richtige Reihenfolge. Nummeriere sie.

- ☐ ▶ Das Eichhörnchen aber verhielt sich überlegen und blieb ganz ruhig.
- ☐ ▶ Schließlich rief er: „So etwas sah ich noch nie!"
- ☐ ▶ Plötzlich entdeckte er auf einem Baume ein Eichhörnchen.
- ☐ ▶ Er lachte pustend, quiekend, kichernd und brüllend vor Überheblichkeit.
- ☐ ▶ Er sagte immer noch lachend: „Das Vieh hat ja rote Haare."
- ☐ ▶ Es antwortete spottend: „Über rote Haare lachen nur die dummen Esel."
- ☐ ▶ Er brach in schallendes Gelächter aus, weil das Eichhörnchen ein feuerrotes Fell hatte.
- ☐ ▶ Ein Esel verirrte sich im Walde.

4. Schreibe die Sätze in der richtigen Reihenfolge ab.

13. Das neue Grün

Dehnungs-h

Das neue Grün

Am Bahndamm
sonnen sich die
Eidechsen.
Ihre Augen funkeln,
ihre Herzen schlagen.
Es ist Frühling.
Jetzt werden sogar
die Steine warm.

Das neue Grün wächst
über Zäune,
über Mauern.
Im Nest schreien
die Vogelkinder
und der dicke Kater,
der gern schlafen würde,
hält sich die Ohren zu.

Erich Jooß

1. Lies das Gedicht mehrere Male, damit du es der Klasse gut vorlesen kannst.
2. Beantworte die folgenden Fragen in einem Satz.
   - Von welcher Jahreszeit wird in dem Gedicht erzählt? ______________________
   - Was wird von den Eidechsen erzählt? ______________________
   - Was wird von den Steinen erzählt? ______________________
   - Was wird von den Vogelkindern und dem dicken Kater erzählt? ______________________
3. Kennst du ein anderes Gedicht, das vom Frühling erzählt?
4. In dem Gedicht werden drei Wörter mit **Dehnungs-h** geschrieben. Schreibe sie auf.

   ____

5. Setze die Wörter zusammen. Schreibe sie auf. Denke bei den Wörtern mit „Frühling“ an das Fugen-s.

Bahn: Damm, Schranke, Fahrt, Steig

Frühling: Blume, Lied, Zeit, Gedicht

Ohr: Läppchen, Wurm, Muschel, Ring

Dehnungs-h

Merke! Das **Dehnungs-h** hörst du nicht.
Es zeigt dir, dass der vorangehende Selbstlaut lang gesprochen wird.

Jedes Wort in diesen Wortfamilien hat ein **Dehnungs-h**.

1. Bilde mit dem Wortstamm Wörter, indem du Vorsilbe und/oder Endung anhängst.

Vorsilbe	Wortstamm	Endung	Vorsilbe	Wortstamm	Endung	Vorsilbe	Wortstamm	Endung	Vorsilbe	Wortstamm	Endung
vor an auf ent	**führ**	en er ung	be ge	**lehr**	en t ig	an vor durch	**bohr**	en t er	mit ein ge	**fühl**	en sam t

2. In diesem Rätselkasten sind 15 Wörter mit Dehnungs-h waagerecht und senkrecht versteckt. Kreise sie in dem Kasten ein. Schreibe sie dann daneben.

C	N	C	U	H	B	H	J	H	Y	Z	Z
K	A	H	E	E	Q	K	K	S	I	A	Q
F	H	E	P	C	L	X	G	U	J	H	J
S	R	H	L	E	H	R	E	R	I	N	A
O	U	X	R	H	Q	F	Q	L	L	H	H
H	N	C	A	U	O	E	S	X	O	Ö	R
N	G	V	H	H	A	H	O	X	H	H	B
S	D	L	M	N	R	L	N	N	N	L	A
T	R	M	E	J	K	E	H	B	G	E	H
U	A	Z	N	B	K	R	M	E	H	L	N
H	H	J	M	F	A	H	R	T	E	M	G
L	T	Q	O	E	Y	R	N	K	C	U	L

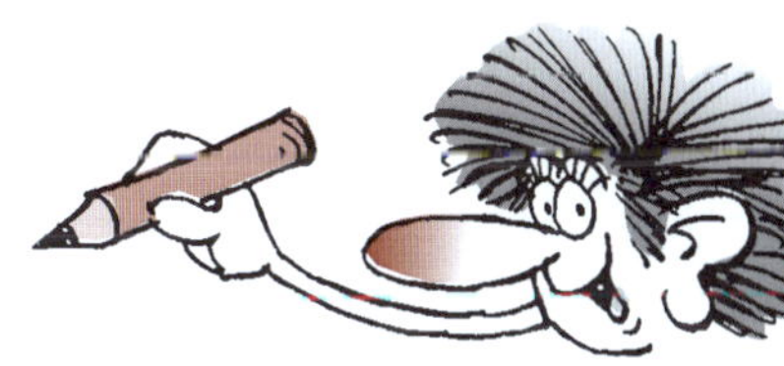

waagerecht: ______________________

____

senkrecht: ______________________

____

____

____

____

Es ist Frühling

3. Ziehe Trennstriche am Endes eines Wortes.

ambahndammsonnensichdieeidechsen.
ihreaugenfunkelnundihreherzenschlagenschneller.
jetztwerdensogardiesteinewarm.
dasneuegrünwächstüberzäuneundmauern, heckenundgräben, bäumeundsträucher.
imnestschreiendievogelkindernachnahrung.
aberderdickekaterwirdvonderunruheinseinemschlafgestört.

4. Schreibe die Sätze richtig ab. Achte auf die Großschreibung der Namenwörter.

5. Z Welches Tier hast du schon einmal beobachtet? Schreibe auf.

14. Der fliegende Kloß

Wörter mit ß

Der fliegende Kloß

Dem Koch einer Gaststätte passierte folgendes Missgeschick. Als er süße Grießklöße zubereitete, fiel ihm aus dem kochenden Gefäß ein heißer Kloß auf die Hand. Das brannte scheußlich.
Der Kloß rollte über den Boden und der Koch gab ihm ärgerlich einen Stoß mit dem Fuß. Da flog der Kloß durch die geöffnete Küchentür in den Speiseraum und einem Gast direkt auf den Schoß. Aber der Gast verstand keinen Spaß. Zornig warf er den Kloß einem Kellner an den Kopf und lief grußlos nach draußen. Der Kellner wurde weiß vor Wut. Er lief dem Gast hinterher und warf den Kloß in großem Zorn nach dem Flüchtenden. Dabei traf er aber einen Radfahrer, der vor Schreck bremste und auf die Straße stürzte. Seine Verletzungen mussten im Krankenhaus behandelt werden. Der Koch, der Kellner und der Gast wurden zu einem Bußgeld verurteilt.

1. Unterstreiche in dem Text alle Wörter, die mit **ß** geschrieben werden.

2. Schreibe diese Wörter hier auf.

3. Trage die Lösungswörter in das Kammrätsel ein. Kontrolliere mit dem Wörterbuch.

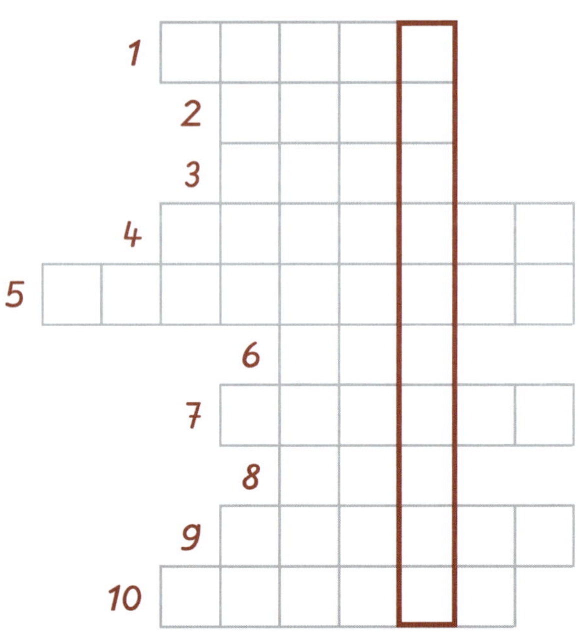

Die Wörter bedeuten:

1 Gegenteil von Faulheit
2 Gegenteil von schwarz
3 Gegenteil von Ernst
4 Gegenteil von drinnen
5 Gegenteil von öffnen
6 anderes Wort für „Körperteil mit Zehen“
7 anderes Wort für „Pflanzen Wasser geben“
8 Gegenteil von sauer
9 anderes Wort für „Guten Tag“ sagen
10 anderes Wort für „Fahrbahn“

Merke!

ß steht nur nach einem langen Selbstlaut, Umlaut oder Doppellaut.
Beispiele:
Fuß, süß, Fleiß, Strauß, Grieß

Wörter mit ß

Wortsuchrätsel

s	z	g	n	c	z	r	a	o	g	c
c	u	h	b	h	j	h	y	z	e	p
k	h	l	e	e	q	k	k	s	f	r
s	i	o	q	f	s	f	u	ß	ä	e
p	e	s	p	h	t	c	l	k	ß	i
a	x	g	u	a	r	j	h	l	g	s
ß	x	q	q	u	a	l	c	o	a	o
g	s	x	v	s	u	a	o	ß	s	x
l	l	r	n	n	ß	g	r	u	ß	m
a	j	k	h	k	r	e	i	s	b	g
s	z	b	k	j	m	e	m	g	q	o

Merke! Manche Wörter werden nach einem langen Selbstlaut (Umlaut oder Doppellaut) am Wortende mit **s** oder mit **ß** geschrieben. Wenn du das Wort verlängerst, kannst du hören, ob der gezischte s-Laut stimmhaft oder stimmlos klingt. Der stimmhafte s-Laut wird mit **s** geschrieben und den stimmlosen s-Laut schreibt man mit **ß**.
Beispiel: preisen – Preis, rußen – Ruß ...

1. Suche senkrecht und waagerecht sechs Namenwörter (Nomen), die am Wortende mit **ß** geschrieben werden und sechs Namenwörter (Nomen), die am Wortende mit **s** geschrieben werden. Kreise sie in dem Rätselkasten ein.

2. Schreibe sie in der Einzahl und in der Mehrzahl auf. **Beispiel:** Gleis – Gleise, Stoß – Stöße

Wechsel zwischen ß und ss

Grundform	Gegenwart	Vergangenheit
	er beißt	er
	es	es goss
	es fließt	es
essen	sie	sie

3. Schreibe die fehlenden Formen in die Tabelle. Kontrolliere mit dem Wörterbuch.

Der fliegende Kloß

4. Nummeriere die Sätze in der richtigen Reihenfolge.

- [ ] ▶ Er kochte süße Grießklöße.
- [ ] ▶ Der Kloß flog in den Speiseraum und landete direkt auf dem Schoß eines Gastes.
- [ ] ▶ Ein heißer Kloß flog ihm auf die Hand, sodass es scheußlich weh tat.
- [ ] ▶ Als er grußlos die Gaststätte verließ, folgte ihm der Kellner und warf den Kloß nach ihm.
- [ ] ▶ Der Koch, der Gast und der Kellner hatten ein Bußgeld zu zahlen.
- [ ] ▶ Er traf einen Radfahrer, der auf die Straße stürzte und nun ins Krankenhaus musste.
- [ ] ▶ Der verärgerte Gast verstand keinen Spaß und warf den Kloß einem Kellner an den Kopf.
- [ ] ▶ Der Kloß rollte über den Boden, und der Koch gab ihm ärgerlich einen Stoß mit dem Fuß.
- [ ] ▶ In einer Gaststätte passierte dem Koch folgendes Missgeschick.

5. Z Schreibe die Sätze in der richtigen Reihenfolge auf.

Merke! Innerhalb einer Wortfamilie können **ß** und **ss** wechseln. Diese Änderung richtet sich nach dem Selbstlaut. Wird er lang gesprochen, schreibt man **ß**. Wird er kurz gesprochen, schreibt man **ss**.

15. Riesenspaß

Wörter mit doppeltem Mitlaut

Riesenspaß

Durch die Sommerwiesen tanzen
wie ein Schmetterling,
tollen wie die wilden Hummeln,
oh, das ist ein Ding!
Fröhlich wie ein Heupferd hüpfen
macht uns großen Spaß,
durch Gebüsch und Zäune schlüpfen,
ja, das ist doch was:
das macht Riesenspaß!

Bruno Horst Bull

1. Lies das Gedicht und beantworte folgende Fragen.

▶ Mit welchen Vergleichen schildert der Dichter die Freude und das Ausgelassensein der Kinder?

____

____

____

____

▶ Was ist für dich im Sommer ein Riesenspaß?

____

2. Schreibe aus dem Gedicht die Wörter mit dem doppelten Mitlaut auf.

____

Merke! Nach einem kurzen Selbstlaut folgen mehrere Mitlaute hintereinander.

Hört ihr nach einem kurz gesprochenen Selbstlaut nur einen Mitlaut, so muss dieser verdoppelt werden.

3. Die folgenden Wörter haben zwei Silben: **Blume, Brille, Donner, Hose, Löffel, Löwe, Mutter, Nase, Nebel, Tasse, Wetter, Zwiebel.**
Sprich die Wörter und entscheide, ob der Selbstlaut in der ersten Silbe kurz oder lang gesprochen wird. Ordne dann die Wörter in die Tabelle ein.

Kurzer Selbstlaut (Messer)	Langer Selbstlaut (Regen)

4. Z Zeichne dir eine Tabelle. Ordne die folgenden Wörter in die Tabelle ein: **Bremse, Füller, Falte, Himmel, Puppe, Kiste, Birne, Quelle, Barren, Garten.**

Kurzer Selbstlaut – zwei gleiche Mitlaute	Kurzer Selbstlaut – verschiedene Mitlaute

Wörter mit doppeltem Mitlaut

Doppelte Mitlaute hörbar machen

brennbar **bestimmt** **unverhofft** **Mittwoch** **krumm** **hell** **toll** **platt**

Platte	tollen	erhellen	Krümmung	hoffen	Mitte
brennen	stimmen	Hoffnung	Mittelalter	Helligkeit	krümmen
Stimmung	Verbrennung	Plattform	Tollkirsche		

1. Schreibe die verwandten Wörter immer in ein Kästchen.
Kreise den doppelten Mitlaut rot ein.

2. Suche zu dem Wortteil mit dem doppelten Mitlaut eine zweisilbige Form. Kontrolliere mit dem Wörterbuch. R

Gla**tt**eis – glätten	Flu**ss**
Kla**pp**stuhl	Gu**ss**form
Sti**mm**zettel	Nu**ss**schale
Sto**pp**uhr	Sa**mm**lung
Sto**ff**	dü**nn**

Suche immer eine zweisilbige Form und zerlege diese in ihre Silben, dann kannst du die beiden Mitlaute hören.
Beispiel: Bett – Betten, nett – netter, brennt – brennen

3. Wie heißt die Grundform? Schreibe sie auf. Kontrolliere mit dem Wörterbuch. R

sie ko**mm**t – kommen	er fri**ss**t	sie fä**ll**t
es sti**mm**t	du vergi**ss**t	er e**gg**t
du begi**nn**st	es kla**pp**t	es kna**ll**t

Wörter mit doppeltem Mitlaut

Vergangenheitsform gesucht

Grund-Form	Vergangen-heit	Grund-form	Vergangen-heit
schwimmen	er schwamm	schneiden	sie
fließen	es	greifen	du
schießen	ich	reiten	er
gießen	es	streiten	sie
pfeifen	er	gleiten	du
schreiten	er	rennen	sie
leiden	du	gewinnen	ich
kennen	sie	brennen	es

1. Schreibe zu jeder Grundform die Vergangenheit. Kontrolliere mit dem Wörterbuch oder der Wörterliste.

2. Setze die Silben aus den Luftballons jeweils mit einer Silbe von den Steinen zusammen.

Riesenspaß

3. Lass dir von einem Partner das Gedicht diktieren. Schreibe die fehlenden Wörter in die Lücken.

Durch die ______________ ______________

wie ein ______________,

______________ wie die ______________ ______________,

oh, das ist ein ______________!

______________ wie ein ______________ ______________

______________ uns großen ______________, durch ______________

und ______________ ______________,

ja, das ist doch was:

das macht ______________!

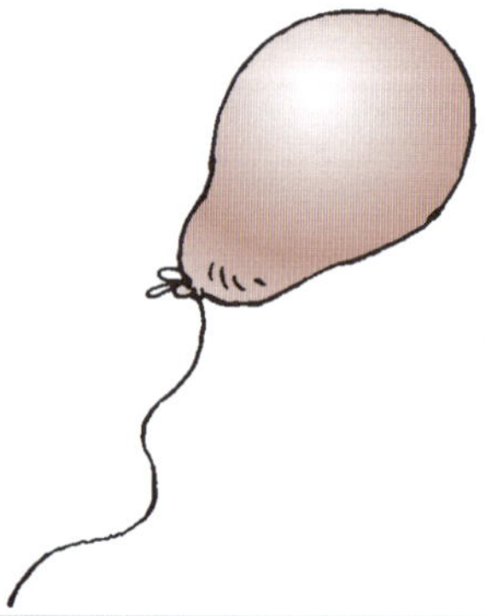

4. Kontrolliere deine Rechtschreibung mit dem Gedicht auf Seite 46.

Zeichensetzung bei der wörtlichen Rede

Nicht immer gleich wegwerfen

Tim kommt von draußen herein und setzt sich wortlos an den Tisch.
„Was hast du?“, fragt der Vater.
„Axel hat ein neues Fahrrad“, antwortet Tim mürrisch. „Mein Fahrrad ist eine Schrottkiste“, fügt er ärgerlich hinzu. Vater lacht: „Ach so, da muss ich mir deine alte Karre wohl mal ansehen.“
Tim hat Recht. Sein Fahrrad sieht wirklich schlimm aus.
Vater sagt deshalb zu Tim: „Hol bitte das Werkzeug!“ Er zeigt seinem Sohn, wie die abgerissenen Lichtkabel angeschlossen werden. „Du kannst eine neue Birne in die Schlussleuchte drehen!“, fordert Vater Tim auf. „Ich ziehe inzwischen die Schrauben an der Klingel fest“, meint er.
Tim erinnert seinen Vater: „Ich brauche noch ein rotes Glas für den Rückstrahler und einen neuen Sattel.“
Vater verspricht: „Morgen werde ich dir beides besorgen.“ Am nächsten Tag findet Tim außerdem ein neues Schloss an seinem Rad. Da sagt er freudig: „Wenn ich nun mein Rad noch putze, sieht es wie neu aus.“

1. Lies den Text aufmerksam. Kreise die doppelten Mitlaute nach dem kurzen Selbstlaut rot ein (16 Wörter).

2. Unterstreiche in dem Text rot, was Tim sagt. Unterstreiche blau, was Vater sagt.

Vorangestellter Redebegleitsatz

3. Schreibe Tims Redesätze. Achte auf die Anführungszeichen am Anfang und Ende der Rede.

Tim antwortet mürrisch: ______________________________

Er fügt ärgerlich hinzu: ______________________________

____

Tim erinnert seinen Vater: ______________________________

____

Da sagt er freudig: ______________________________

____

4. Z Schreibe die Wörter mit dem doppelten Mitlaut auf. Kreise den kurzen Selbstlaut ein.

Zeichensetzung bei der wörtlichen Rede

- Die Redesätze werden in Anführungszeichen eingeschlossen.
- Wenn der Redebegleitsatz dem Redesatz vorangestellt ist, steht nach dem Redebegleitsatz immer ein Doppelpunkt.

Beispiel: Fragesatz – **Tim fragt: „Kommst du heute?“**
Ausrufesatz – **Mutter mahnt ihren Sohn: „Komm heute bitte nicht so spät!“**
Erzählsatz – **Vater sagt: „Heute komme ich später nach Hause.“**

- Wenn der Redebegleitsatz nachgestellt ist, steht nach dem Redesatz immer ein Komma.

Beispiel: Fragesatz – **„Kommst du heute?“, fragt Tim.**
Ausrufesatz – **„Komm heute bitte nicht so spät!“, mahnt Mutter ihren Sohn.**
Erzählsatz – **„Heute komme ich später nach Hause“, sagt Vater.**

Bei dem Erzählsatz steht nach der wörtlichen Rede kein Punkt.

Merke!

Nachgestellter Redebegleitsatz

1. Schreibe Vaters Redesätze. Achte auf die Zeichen am Anfang und Ende der Rede.

_______________________________ fragt der Vater.

_______________________________ lacht Vater.

_______________________________ sagt Vater deshalb zu Tim.

_______________________________ fordert Vater Tim auf.

_______________________________ meint er.

_______________________________ verspricht Vater.

Wortfeld **sagen**

2. Kreise alle Wörter ein, die zum Wortfeld **sagen** gehören.

fragen	klagen	erklären		
schreien	versprechen	rufen	gehen	tanzen
seufzen	kauen	flüstern	laufen	auffordern
turnen	klettern	fallen	schwimmen	jammern
staunen	meinen	essen	erwidern	loben
antworten	basteln	bitten	stottern	grüßen

3. Schreibe die eingekreisten Wörter auf. Bilde zehn Sätze mit den eingekreisten Wörtern.

Zeichensetzung bei der wörtlichen Rede

Redesatz und Redebegleitsatz unterscheiden

1. Nummeriere die Redesätze und die Redebegleitsätze, die zusammenpassen, mit der gleichen Zahl. Trage die Kommas und Anführungszeichen ein.

[1] __ Wir könnten am Sonntag ins Kino gehen __ _	[ ] erzählt Lorenz.
[2] __ Zeigen Sie mir bitte Ihren Führerschein! __ _	[ ] schlägt Laura vor.
[3] __ Wie geht es deiner Mutter, Laura? __ _	[ ] jubelt Felix.
[4] __ Ich habe bei der Verlosung ein Fahrrad gewonnen! __ _	[ ] erkundigt sich die Lehrerin.
[5] __ Mir tut mein Kopf so weh! __ _	[ ] fordert der Polizist den Fahrer auf.
[6] __ Ich habe heute im Garten einen Igel beobachtet __ _	[ ] jammert das Kind.

2. Schreibe die Sätze mit der Zeichensetzung.

3. Stelle dann den Redesatz und den Redebegleitsatz um.
Beispiel: Das Kind jammert: „Mir tut mein Kopf so weh!" Achte auf den Doppelpunkt.

Nicht ______________ gleich wegwerfen

4. Lass dir von einem Partner die fehlenden Wörter diktieren. Du findest sie auf Seite 49. Setze dann die fehlenden Anführungszeichen und Kommas ein. Der Redebegleitsatz ist braun.

Tim ______________ von draußen herein und setzt sich wortlos an den Tisch. __ Was hast du? __ _ fragt der Vater. __ Axel hat ein neues Fahrrad __ _ antwortet Tim ______________ .

__ Mein Fahrrad ist eine ________________________ __ _ fügt er ärgerlich hinzu. Vater lacht: __ Ach so, da ______________ ich mir deine alte ________________ wohl mal ansehen. __

Tim hat Recht. Sein Fahrrad sieht wirklich ________________ aus. Vater sagt deshalb zu Tim: __ Hol __________ das Werkzeug! __ Er zeigt seinem Sohn, wie die ____________________ Lichtkabel ____________________ werden. __ Du ______________ eine neue Birne in die ______________________ drehen! __ _ fordert Vater Tim auf. __ Ich ziehe inzwischen die Schrauben an der Klingel fest __ _ meint er. Tim ______________ seinen Vater: __ Ich brauche noch ein rotes Glas für den Rückstrahler und einen neuen ______________ . __ Vater verspricht: __ Morgen werde ich dir beides besorgen. __ Am nächsten Tag findet Tim außerdem ein neues ______________ an seinem Rad. Da sagt er freudig: __ ______________ ich nun mein Rad noch putze, sieht es wie neu aus. __

17. Die Klassenzeitung

Zusammensetzungen: Zwei gleiche Buchstaben treffen aufeinander

Die Klassenzeitung

Jeden **Sonntagmorgen** tragen die beiden Freunde in ihrem **Stadtteil** die Zeitung aus. Damit verdienen sie sich ein kleines **Taschengeld**.
„Wie wäre es“, schwärmt Lars immer mal wieder, „wenn wir selber eine Zeitung herstellten?“
„Das ist eigentlich eine tolle Idee!“, stimmt Tim eines Tages zu. „Aber wir brauchen viele Mitarbeiter. Darum schlage ich vor, dass wir eine **Klassenzeitung** herstellen und unsere **Klassenkameraden** fürs Mitmachen gewinnen.“
In der Klasse wird der Vorschlag der beiden Jungen begeistert angenommen.
Lisa meldet sich sofort als rasende Reporterin und Laura ist bereit, die Texte zu korrigieren. Sie ist nämlich schon sehr sicher in der Rechtschreibung. Felix will die **Klassennachrichten** zusammenstellen und die **Wirtschaftsseite** gestalten. Jan wird den **Sportteil** übernehmen und für Bilder sorgen. Lorenz allerdings besteht auf einer eigenen **Zeitungsseite** für Witze.
Schließlich werden Jan und Lars als **Chefredakteure** gewählt.

1. Lest den Text aufmerksam und sprecht darüber.
   Habt ihr in eurer Klasse auch schon mal über eine Klassenzeitung nachgedacht?

2. In dem Text gibt es zehn Namenwörter (Nomen), die aus zwei Namenwörtern (Nomen) zusammengesetzt sind. Schreibe sie auf.

3. Bei einigen Wörtern treffen an der Nahtstelle zwei gleiche Buchstaben aneinander. Unterstreiche diese Wörter.

   Kreise die beiden gleichen Buchstaben an der Nahtstelle rot ein.

   Sprich die Wörter deutlich, damit du jeden Laut gut hören kannst. Dann vergisst du auch nicht einen der beiden Buchstaben an der Nahtstelle.

4. Bis eine Zeitung fertig gedruckt ist, haben viele Menschen daran gearbeitet.
   Wer nicht? Streiche durch.

Fotografin · Grafikerin · Verkäufer · Herausgeber · Reporter · Chefredakteur · Drucker · Leser · Zeitungsträger

Zusammensetzungen: Zwei gleiche Buchstaben treffen aufeinander

Zwei Namenwörter (Nomen) zusammensetzen

1. Setze die Namenwörter (Nomen), die nebeneinanderstehen, zusammen.
Schreibe sie mit Begleiter unter die beiden Wörter.

2. Kreise die beiden gleichen Buchstaben an der Nahtstelle rot ein.

die Klassen – die Nachrichten	das Papier – die Rolle
die Klassennachrichten	______
der Witz – die Zeitung	die Sahne – das Eis
______	______
die Kugel – das Lager	die Bilder – der Rahmen
______	______
der Sport – der Teil	der Stuhl – die Lehne
______	______
die Stadt – der Teil	der Nebel – die Lampe
______	______
das Gras – der Samen	das Laub – der Baum
______	______

Wiewort (Adjektiv) und Namenwort (Nomen) zusammensetzen

3. Schreibe die zusammengesetzten Wörter auf. Vergiss den Begleiter nicht.
Kreise die beiden gleichen Buchstaben an der Nahtstelle rot ein.

tief Flieger | rot Ton | hoch Haus | rund Dach | früh Herbst

______

______

______

Merke! Bei manchen zusammengesetzten Wörtern treffen zwei gleiche Buchstaben zusammen. Dann endet das erste Wort mit dem gleichen Buchstaben, wie das zweite Wort anfängt.

Zusammensetzungen: Zwei gleiche Buchstaben treffen aufeinander

Tunwort (Verb) und Namenwort (Nomen) zusammensetzen

Aufgepasst! Bei einigen Wörtern treffen sogar drei gleiche Buchstaben zusammen.

1. Setze die beiden Wörter zusammen und schreibe das zusammengesetzte Wort auf die Linie. Vergiss den Begleiter nicht.
2. Kreise die gleichen Buchstaben an der Nahtstelle rot ein.

fangen
das Gerät das Fanggerät

spielen
das Lied ____________________

gehen
die Hilfe ____________________

blicken
Kontakt ____________________

speisen
das Eis ____________________

schminken
der Kasten ____________________

kennen
die Nummer ____________________

schwimmen
der Meister ____________________

fahren
das Rad ____________________

rollen
der Laden ____________________

Die Klassenzeitung

3.  Lass dir von einem Partner die fehlenden Wörter diktieren. Du findest sie im Text am Anfang dieser Lerneinheit.

Jeden ____________________ tragen die beiden Freunde in ihrem ____________________

die ______________ aus. Damit verdienen sie sich ein kleines ____________________ .

„Wie wäre es", schwärmt Lars immer mal wieder, „wenn wir selber eine Zeitung herstellen?"

„Das ist eigentlich eine tolle Idee!", stimmt Tim eines Tages zu. „Aber wir brauchen viele

Mitarbeiter. Darum schlage ich vor, dass wir eine ____________________ herstellen

und unsere ____________________ fürs ____________________ gewinnen."

In der ______________ wird der ______________ der beiden Jungen begeistert

angenommen. Lisa meldet sich sofort als rasende ____________________ und Laura ist

bereit, die ______________ zu korrigieren. Sie ist nämlich schon sehr sicher in der

____________________ . Felix will die ____________________

zusammenstellen und die ____________________ gestalten. Jan wird den

____________________ übernehmen und für ____________________ sorgen.

Lorenz allerdings besteht auf einer eigenen ____________________ für Witze.

Schließlich werden Jan und Lars als ____________________ gewählt.

18. Eulenspiegel und die Honigdiebe

Nachsilben -heit, -keit, -nis und die Endung -ung

Eulenspiegel und die Honigdiebe

Einmal war Till Eulenspiegel vor **Müdigkeit** in einem leeren Bienenkorb eingeschlafen. In der **Dunkelheit** der Nacht kamen zwei Diebe. Sie glaubten mit **Bestimmtheit**, dass in dem schweren Korb viel Honig sein müsse. In ihrer **Ahnungslosigkeit** schleppten sie den Korb fort, in dem in **Wahrheit** Till schlief. Von der **Bewegung** erwachte Till. Er ärgerte sich über die **Störung** und wollte den beiden Dieben ihre **Frechheit** austreiben. So streckte er mit großer **Behutsamkeit** die Hand aus dem Korb und zupfte den einen Dieb an den Haaren. Dieser war nun der **Meinung**, dass der Freund ihn ärgern wolle. Also kam es zum Streit und sie prügelten sich in ihrer **Dummheit**. Mit dieser **Möglichkeit** hatte Till gerechnet. In aller **Heimlichkeit** stieg er aus seinem **Gefängnis** und verschwand mit äußerster **Geschwindigkeit** in der **Finsternis**.

nach Erich Kästner

1. Lies den Text aufmerksam.
   Du kannst die Erzählung mit einigen Partnern der Klasse vorspielen.
   Kennst du noch andere Streiche von Till Eulenspiegel? Erzähle!
2. In dem Text sind 16 Namenwörter (Nomen) fett gedruckt.
   Kreise die Nachsilben **-heit**, **-keit**, **-nis** und die Endung **-ung** rot ein.
3. Welches Namenwort (Nomen) entsteht durch eine Nachsilbe/Endung?
   Schreibe es neben das zugehörige Wiewort (Adjektiv) oder das Tunwort (Verb).
   Kontrolliere mit dem Wörterbuch.

bestimmen –	Bestimmtheit	dunkel –	________
bewegen –	________	heimlich –	________
stören –	________	ahnungslos –	________
meinen –	________	möglich –	________
gefangen –	________	wahr –	________
geschwind –	________	dumm –	________
finster –	________	frech –	________
krank –	________	traurig –	________

Merke!

Mit den Nachsilben **-heit, -keit, -nis** und der Endung **-ung** kannst du aus Wiewörtern (Adjektiven) und Tunwörtern (Verben) neue Namenwörter (Nomen) bilden.
Beispiel: wahr + -heit = die Wahrheit, meinen + -ung = die Meinung.

Nachsilben -heit, -keit, -nis und die Endung -ung

Neue Namenwörter (Nomen) entstehen

~~trocken~~	flüssig	heizen	finster	ändern	gefangen
frei	fröhlich	krank	impfen	schwierig	
heiser	dumm	geheim	wild	erzählen	

1. Bilde aus den Wörtern oben durch Anhängen einer Nachsilbe oder der Endung **-ung** Namenwörter (Nomen).
Schreibe sie in die Tabelle. Vergiss den Begleiter nicht. Kontrolliere mit dem Wörterbuch. R

Nachsilbe -heit	Nachsilbe -keit
die Trockenheit	

Endung -ung	Nachsilbe -nis

2. Bilde aus den folgenden Wiewörtern (Adjektiven) neue Namenwörter (Nomen), indem du eine der beiden Nachsilben **-heit** oder **-keit** anhängst.
Kreise die Nachsilbe **-heit** rot und die Nachsilbe **-keit** blau ein.

Kontrolliere mit dem Wörterbuch. R

freundlich	– die Freundlichkeit	wichtig	–
frech	–	schön	–
sauber	–	pünktlich	–
gesund	–	falsch	–
dunkel	–	offen	–
ähnlich	–	ehrlich	–

Nachsilben -heit, -keit, -nis und die Endung -ung

Namenwörter (Nomen) mit dem nachgestellten Wortbaustein -ung

vergeben	**verpacken**	**verbeugen**	**vorführen**
vorstellen	**verzweifeln**	**vorwarnen**	**vorladen**

1. Bilde aus diesen Tunwörtern (Verben) Namenwörter (Nomen), indem du die Endung **-ung** benutzt. Trage bei jedem Wort die Vorsilbe, den Wortstamm und die Endung getrennt in die Tabelle ein.

Vorsilbe	Wortstamm	Endung
Ver	los	ung

Vorsilbe	Wortstamm	Endung
Vor	les	ung

2. Schreibe die Wörter mit Begleiter auf.

3. Z Bilde auch aus den folgenden Tunwörtern (Verben) neue Namenwörter (Nomen) mit der Endung **-ung: ziehen, dehnen, erinnern, wohnen, rechnen, mahnen, drehen, streichen, klären, landen, zeichnen, entdecken, beobachten, gleichen, melden**.

Kontrolliere mit dem Wörterbuch.

Eulenspiegel und die Honigdiebe

4. Bringe die Sätze in die richtige Reihenfolge. Nummeriere sie.

- ☐ ▶ Till hatte mit dieser Möglichkeit gerechnet.
- ☐ ▶ Er stieg aus seinem Gefängnis und verschwand eilig in der Finsternis.
- ☐ ▶ Einmal war Till Eulenspiegel in einem leeren Bienenkorb eingeschlafen.
- ☐ ▶ In der Dunkelheit kamen zwei Diebe.
- ☐ ▶ Er ärgerte sich über die Störung.
- ☐ ▶ Sie glaubten mit Sicherheit, dass in dem schweren Korb viel Honig sein müsse.
- ☐ ▶ Till wurde von der Bewegung geweckt.
- ☐ ▶ In ihrer Ahnungslosigkeit schleppten sie den Korb fort, in dem Till schlief.
- ☐ ▶ So wollte er den beiden Dieben einen Denkzettel verpassen.
- ☐ ▶ Mit großer Behutsamkeit streckte er die Hand aus dem Korb und zog den einen Dieb an den Haaren.
- ☐ ▶ Es kam zum Streit und sie prügelten sich in ihrer Dummheit.
- ☐ ▶ Dieser war der Meinung, dass der Freund ihn ärgern wolle.

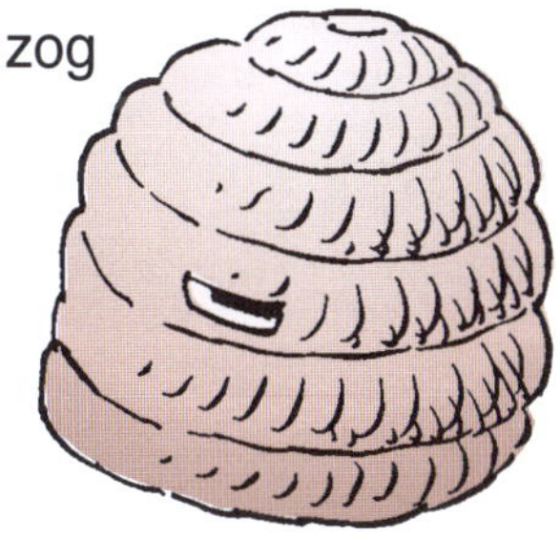

5. Schreibe die Sätze in der richtigen Reihenfolge ab.

Nachsilben -lich, -bar, -haft, -sam und die Endungen -ig, -isch

Modenschau

In der Schule wurde ein **fröhliches** Sommerfest veranstaltet.
Die vierte Klasse beteiligte sich mit einer **unglaublich** einfallsreichen Modenschau. Die Kinder hatten **gemeinsam** Ideen gesammelt und dabei schon **riesigen** Spaß gehabt.
Die Väter bauten einen erhöhten Laufsteg auf. Nur **mühsam** lernten die Kinder, sich dort geschickt zu bewegen. Da sie aber **rechtzeitig** mit den Vorbereitungen begonnen hatten, klappte alles **wunderbar**.
Jan sorgte für **poppige** Musik. Laura stellte mit **kräftiger** Stimme die **zauberhaften** Modelle vor.
Anja kam **sportlich** mit **einfarbigem** Badeanzug, **klobigen** Bergschuhen und **luftiger** Netzkappe. Julian erschien **modisch** mit geblümter Riesenschleife als Krawatte und Tim zeigte sich in Mutters Küchenschürze und Vaters Zylinderhut.
Richtig lustig wurde es, als Lea auf **altmodischen** Stöckelschuhen über den Laufsteg trippelte, dabei umknickte und die Schuhe dann **zornig** in die Hand nahm. Die **spaßige** Michelle trug ein **himmlisches** Nachthemd, in dem sie **förmlich** über den Laufsteg schwebte.
Die Kinder ernteten am Ende der Vorführung **stürmischen** Beifall.

1. Lies den Text. Beantworte die folgenden Fragen in einem Satz.
   Bei welcher Gelegenheit veranstalteten die Kinder eine Modenschau?

   ____

   Welche Aufgabe übernahmen die Väter?

   ____

   Welche Aufgabe übernahm Jan?

   ____

   Welche Aufgabe übernahm Laura?

   ____

   Was passierte Lea auf dem Laufsteg?

   ____

2. Schreibe die fett gedruckten Wörter auf.
   Kreise die Nachsilben **-lich, -bar, -haft, -sam** und die Endungen **-ig, -isch** rot ein.

   ____

   ____

   ____

   ____

   ____

Nachsilben -lich, -bar, -haft, -sam und die Endungen -ig, -isch

Merke!

Mit den nachgestellten Wortbausteinen **-ig, -lich, -isch, -bar, -haft, -sam** kannst du Wiewörter (Adjektive) bilden.

Beispiel:

Luft	+	-ig	=	luftig
Sport	+	-lich	=	sportlich
Mode	+	-isch	=	modisch
Wunder	+	-bar	=	wunderbar
Traum	+	-haft	=	traumhaft
Mühe	+	-sam	=	mühsam

1. Bilde aus den Tunwörtern (Verben) und Namenwörtern (Nomen) neue Wiewörter (Adjektive). Du musst die Nachsilbe **-bar**, **-sam** oder **-haft** oder die Endung **-isch** anhängen. Trage die Wörter in die Tabelle ein. Kontrolliere mit dem Wörterbuch.

danken, Fehler, folgen, Sturm, Mode, lenken, Scherz, dulden, ehren, Traum, kleiden, Neid, Kind, lesen, Glaube, sparen

Nachsilbe -sam	Nachsilbe -bar
folgen – folgsam	

Endung -isch	Nachsilbe -haft

2. Z Wähle aus jeder Gruppe zwei Wörter aus. Schreibe mit jedem dieser Wörter einen Satz.

Nachsilben -lich, -bar, -haft, -sam und die Endungen -ig, -isch

Aus Namenwörtern (Nomen) werden Wiewörter (Adjektive)

Schatten Glück Frieden Durst Vorsicht
Ärger Fleiß ~~Ehre~~ Tag ~~Mut~~

1. Bilde Wiewörter (Adjektive), indem du **-ig** oder **-lich** anfügst.
Ordne die Wörter in die Tabelle ein.

Endung -ig	Nachsilbe -lich
der Mut – mutig	die Ehre – ehrlich

2. Schreibe die Wiewörter (Adjektive) von Aufgabe 1 in die zugehörige Satzlücke.

- Der Platz ist im Sommer immer ___schattig___. Der ___schattige___ Platz …
- Anke ist über ihre gute Note ____________. Die ____________ Anke …
- Nach der Wanderung waren die Kinder ____________. Die ____________ Kinder …
- Der Nachbar war sehr ____________. Der ____________ Nachbar …
- Ich leiste mir ____________ ein Duschbad. Das ____________ Duschbad …
- Mein Bruder hat heute ____________ gelernt. Der ____________ Bruder …
- Die Frau ging ____________ über die glatte Straße. Die ____________ Frau …
- Vater kam ____________ von der Arbeit heim. Der ____________ Vater …
- Die Antwort war ____________. Die ____________ Antwort …
- Die Demo verlief ____________. Die ____________ Demo …

Wenn du g oder ch am Wortende hören willst, musst du das Wort verlängern.

Nachsilben -lich, -bar, -haft, -sam und die Endungen -ig, -isch

Wortbausteine

Viele längere Wörter kannst du in Wortbausteine zerlegen.

Vorsilbe
ver vor be
an ge ent

Wortstamm
schreib les wander wunder
ärger fahr spar ehr sicht
glück glaub mod kleid reis
brauch geh freund schwind

Nachsilbe und Endungen
e en er t n
bar ig lich sam
haft isch

1. Setze mit jedem Wortstamm **wenigstens** ein längeres Wort zusammen.
Wer kann mehrere Wörter aus einem Wortstamm bilden? **Beispiel:** verschreiben, vorschreiben

Modenschau

2. Lass dir von einem Partner die fehlenden Wörter diktieren.
Du findest sie im Text am Anfang dieser Lerneinheit.

In der Schule wurde ein ______________ Sommerfest veranstaltet. Die vierte Klasse beteiligte sich mit einer ______________ einfallsreichen Modenschau. Die Kinder hatten ______________ Ideen gesammelt und dabei schon ______________ Spaß gehabt. Die Väter bauten einen erhöhten Laufsteg auf. Nur ______________ lernten die Kinder, sich dort geschickt zu bewegen. Da sie aber ______________ mit den Vorbereitungen begonnen hatten, klappte alles ______________. Jan sorgte für ______________ Musik. Laura stellte mit ______________ Stimme die ______________ Modelle vor. Anja kam ______________ mit ______________ Badeanzug, ______________ Bergschuhen und ______________ Netzkappe. Julian erschien ______________ mit geblümter Riesenschleife als Krawatte und Tim zeigte sich in Mutters Küchenschürze und Vaters Zylinderhut. ______________ ______________ wurde es, als Lea auf ______________ Stöckelschuhen über den Laufsteg trippelte, dabei umknickte und die Schuhe dann ______________ in die Hand nahm. Die ______________ Michelle trug ein ______________ Nachthemd, in dem sie ______________ über den Laufsteg schwebte. Die Kinder ernteten am Ende der Vorführung ______________ Beifall.

3. Z Was habt ihr zum Gelingen eures Schulfestes beigetragen? Schreibe auf.

Fremdwörter

Max, ein Prophet?

Plötzlich bricht ein Gewitter los. Der Regen klatscht auf den **Asphalt** und das Wasser strömt in die **Gullys**. Die Kinder flüchten in einen Hauseingang.
Max sagt **triumphierend**: „Da hatte ich doch wieder einmal Recht. Genau dieses Wetter habe ich euch **prophezeit**, nicht wahr?" „Ja, du hast wie immer Recht", lacht Anna. „Du weißt überhaupt alles. Es ist **fantastisch**", erklärt sie. „In **Geografie** bleibst du keine Antwort schuldig. Du weißt, wo die **Philippinen** liegen. Du kennst die Namen vieler **Pharaonen** und weißt, was die **Pyramiden** sind. Du kannst die **Strophen** eines Gedichtes ganz schnell behalten und auch in **Physik** und **Mathematik** bist du der Beste. Eigentlich bist du ein wandelndes **Lexikon**."
Laura aber stöhnt: „Ich finde, dass Max eine echte **Katastrophe** ist. Er ist wie ein Unwetter, das nicht zum Aushalten ist. Es ist ja toll, dass Max so viel weiß. Aber es ist nicht zu ertragen, dass er immer Recht haben will." „Ach, ihr seid ungerecht", meint Max und fügt lachend hinzu, „der **Prophet** gilt eben nichts in seinem Vaterland."

1. In dem Text sind viele Fremdwörter. Schreibe die Wörter auf, die mit **ph** geschrieben werden.

____

____

____

2. Schreibe die Rückwärtswörter richtig auf.

Rückwärtswörter	
KITAMEHTAM:	RETAEHT:
EKEHTOPA:	AMEHT:
TELHTATHCIEL:	EIROEHT:
KEHTOILBIB:	NORHT:
RETEMOMREHT:	EKEHT:

Merke!

- Wörter mit ph sind Fremdwörter. Sie kommen aus anderen Sprachen. Die meisten dieser Wörter kommen aus der griechischen Sprache. Wir sprechen **ph** wie **f**.
  Beispiel: Asphalt, Strophe.
- Einige Wörter können aber auch mit **f** anstatt mit **ph** geschrieben werden. Beide Schreibweisen sind richtig.
  Beispiel: Geografie/Geographie, fantastisch/phantastisch.

Fremdwörter

In unserem Alltag und im Sport verwenden wir viele Fremdwörter aus der englischen Sprache. Sie werden anders geschrieben, als man sie spricht.

Fremdwörter, die wir in unserem Alltag gebrauchen

☐ T-Shirt ☐ Sweatshirt ☐ Jogginganzug ☐ Jeans ☐ Shorts ☐ Inlineskates

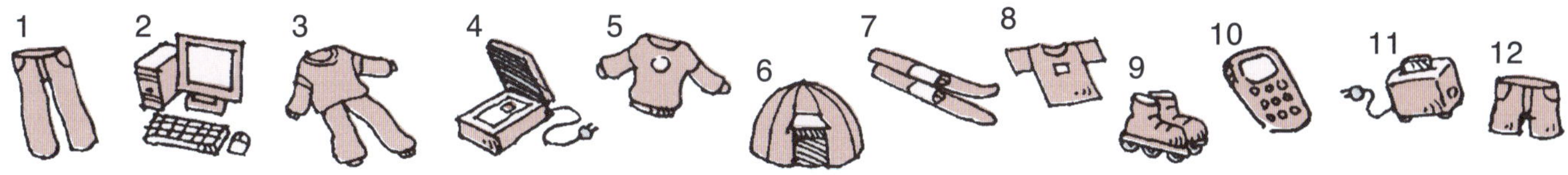

☐ Toaster ☐ Scanner ☐ Computer ☐ Campingzelt ☐ Handy ☐ Skier

1. Schreibe jedes Wort auf und ordne es der entsprechenden Nummer zu.

1. ______________ 5. ______________ 9. ______________

2. ______________ 6. ______________ 10. ______________

3. ______________ 7. ______________ 11. ______________

4. ______________ 8. ______________ 12. ______________

Fremdwörter, die wir im Sport gebrauchen

Pool, Loipe, Mountain-Bike, Inlineskates, City-Roller, Surfbrett, Wasserski, Snowboard, Skateboard, Tandem, Walking, Volleyball, Jogging, Basketball

2. Ordne die Wörter den verschiedenen Sportbereichen zu.
Manche Wörter passen zu mehreren Bereichen.

Sport

Schnee

____

____

Berge/Wald

____

____

____

____

Gehweg/Straße

____

____

____

____

____

Wasser

____

____

____

Sportplatz/Sporthalle

____

____

____

Fremdwörter

Merke!

Die Wörter mit **Ch** am Wortanfang stammen aus anderen Sprachen.
Manchmal wird das **Ch** wie **K** gesprochen. **Beispiel: Chaos**
Manchmal wird das **Ch** wie **Sch** gesprochen. **Beispiel: Chef**
Manchmal wird das **Ch** wie **Ch** gesprochen. **Beispiel: China**

Wörter mit Ch am Wortanfang

Chefin, Chauffeur, Christbaum, Chor, Chirurg, Chinese, Charakter, Chemie, Champignon, Chinin, Chance, Chiemsee, Chip, Chronik, Chile

1. Zeichne dir eine Tabelle und ordne die Wörter in drei Gruppen.

Beispiel:

Ch wie K	Ch wie Sch	Ch wie Ch
Chaos	Chef	China

Max, ein Prophet?

2. Lass dir von einem Partner die fehlenden Wörter diktieren.
Du findest sie im Text am Anfang dieser Lerneinheit.

Plötzlich bricht ein ____________ los. Der Regen klatscht auf den ____________ und das ____________ strömt in die ____________. Die Kinder flüchten in einen Hauseingang. Max sagt ____________________: „Da ____________ ich doch wieder einmal Recht. Genau dieses ____________ habe ich euch ____________, nicht wahr?“ „Ja, du hast wie ____________ Recht“, lacht Anna. „Du weißt überhaupt ____________. Es ist ____________________“, erklärt sie. „In ____________ bleibst du keine Antwort schuldig. Du weißt, wo die ____________________ liegen. Du ____________ die Namen vieler ____________ und weißt, was die ____________ sind. Du ____________ die ____________ eines Gedichtes ganz ____________ behalten und auch in ____________ und ____________ bist du der Beste. Eigentlich bist du ein wandelndes ____________.“ Laura aber stöhnt: „Ich finde, dass Max eine echte ____________________ ist. Er ist wie ein ____________, das nicht zum Aushalten ist. Es ist ja ____________, dass Max so viel weiß. Aber es ist nicht zu ertragen, dass er ____________ Recht haben ____________.“ „Ach, ihr seid ungerecht“, meint Max und fügt lachend hinzu, „der ____________ gilt eben nichts in seinem Vaterland.“

Lösungen

1. Es brennt

Seite 2 ▶ Nr. 2 ▶ Beute, erleuchteten, Fahrzeugen, Feuer, Feuerstelle, Feuerteufel, Feuerwehr, Feuerwehrleute, Feuerzeug, Heuballen, heulenden, Heumann, heute, Kreuzungen, Leute, Scheune, Scheunen, Zeugen

▶ Nr. 3 ▶ Heu

Seite 3 ▶ Nr. 1 ▶ waagerecht: Freude, Treue, Leuchter, Zeuge, Geldbeutel, Heu, Eule
senkrecht: Steuer, Beute, Keule, Abenteuer, Freunde, Beule, Feuer, Leute, Reue, Meute

▶ Nr. 3 ▶ Namenwörter (Nomen): Leute, Feuer, Beule, Steuer, Heu
Wiewörter (Adjektive): deutsch, teuer, neu, feucht, treu
Tunwörter (Verben): keuchen, freuen, leugnen, streuen, beugen

2. Der Zimmermann des Waldes

Seite 7 ▶ Nr. 2 ▶ fällt, hält, trägt, schlägt, fährst, trägst, wäscht, rät, schläft, verträgst

Seite 8 ▶ Nr. 1 ▶ mächtig – die Macht, kräftig – die Kraft, vorrätig – der Vorrat, täglich – der Tag, kränklich – die Krankheit, jährlich – das Jahr, gefährlich – die Gefahr, sträflich – die Strafe, ängstlich – die Angst, ärmlich – die Armut

3. Ja, die Ruth

Seite 10 ▶ Nr. 2 ▶ waagerecht: Gräte, Ähre, Mädchen, März, Käfig, Lärche
senkrecht: Bär, Märchen, Käfer, Säge

▶ Nr. 3 ▶ Ähre, Käfig, Käfer, Lärche, Bär, März, Gräte, Märchen, Säge, Mädchen

Seite 11 ▶ Nr. 2 ▶ Ähre – Ehre, Lärche – Lerche, Segen – Sägen, Bären – Beeren, Grete – Gräte

▶ Nr. 3 ▶ Namenwörter: 1. Satz – Ruth, Mut, Vater, Fragen, 2. Satz – Vater, Fragen, 3. Satz – Erwachsenen, Mädchen, Jungen, 4. Satz – Mädchen, 5. Satz – Hemden, Hosen, Jungen, 6. Satz – Jungen, 7. Satz – Jungen, 8. Satz – Fahrrad, 9. Satz – Vater, 10. Satz – Ruth

4. Immer bergab

Seite 13 ▶ Nr. 2 ▶ hart – härter – am härtesten, rund – runder – am rundesten, bunt – bunter – am buntesten, derb – derber – am derbsten, weit – weiter – am weitesten, lang – länger – am längsten, jung – jünger – am jüngsten, streng – strenger – am strengsten, schlank – schlanker – am schlanksten, flink – flinker – am flinksten

Seite 14 ▶ Nr. 1 ▶ Strand – Strände, Stab – Stäbe, Flug – Flüge, Nacht – Nächte, Grab – Gräber, wild – wilder, schrieb – schrieben, lag – lagen, weit – weiter, schob – schoben

5. Das Stinktier

Seite 16 ▶ Nr. 3 ▶ Bank, Abhang, Klang, Gesang, Schrank, Gang, Geschenk, Buchfink

Seite 17 ▶ Nr. 2 ▶ hinkt, fängt, lenkt, singt, schwankt, hängt, klingt, dankt, versinkt, schwingt

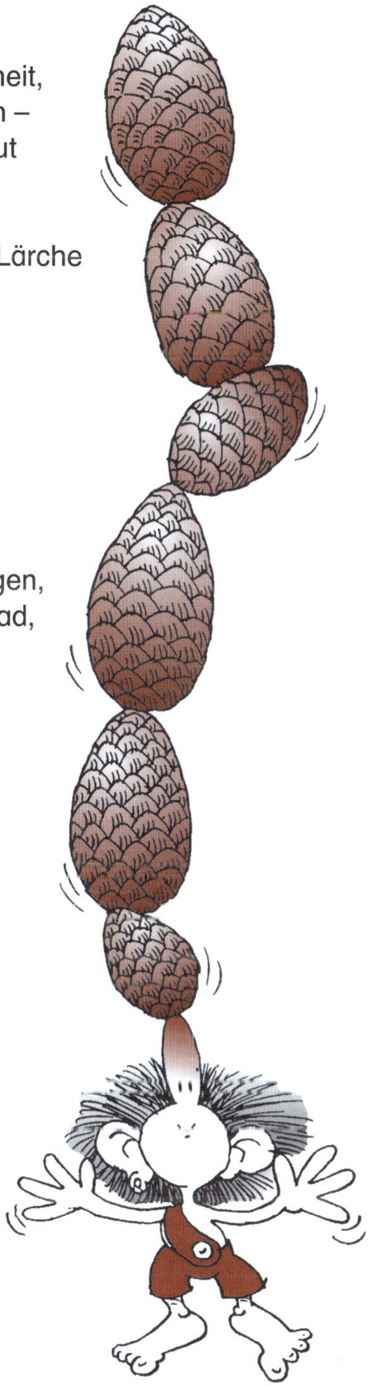

6. Was läuft im Fernsehen?

Seite 20 ▶ Nr. 2 ▶ Waise, Kai, Main, Mais, Laich, Mai, Kaiser, Hai, Mainz, Laib
▶ Nr. 3 ▶ Kaiser, Saiten, Mai, Kai, Mais, Laich, Laie, Haie, Laib
Seite 21 ▶ Nr. 1 ▶ Mais, Mai, Main

7. Vögel, die nicht fliegen können

Seite 24 ▶ Nr. 4 ▶ Lokomotive, November, Violine, Klavier, Ventil, Advent, Vulkan, Kurve, Verb, Vase
Seite 25 ▶ Nr. 1 ▶ links: v wie w
Vase, Verb, Villa, Vokal, Vulkan, Ventil, Vanille, Violine, Vitamine
rechts: v wie f
Vieh, Volk, Vogel, Vater, Vetter, Verbot, Verrat, Verlies, Veilchen

8. Advent

Seite 27 ▶ Nr. 1 ▶ der Fühler, die Fahrt, der Spiegel, der Sprung, der Reiter, die Führung, die Feier, der Turner, der Sprecher, der Tanz
Seite 28 ▶ Nr. 1 ▶ vollwertiges, volljährig, vollständig, vollzählig, vollkommen, vollschlank, vollständig, vollschlanke
▶ Nr. 2 ▶ vollbringen, vollstreckt, vollenden, vollzogen, vollführen
Seite 29 ▶ Nr. 3 ▶ Adventszeit, Adventskranz, Adventskerzen, Adventskalender, Adventstag, Adventswoche, Adventsgeschichte, Adventslieder, Adventsgedicht

9. An der Nordsee

Seite 31 ▶ Nr. 1 ▶ waagerecht: Qual, Quirl, Quark,
senkrecht: Qualm, Quittung, Quadrat, Quecksilber, Quitte, Qualle, Quartier, Quelle, Quiz
▶ Nr. 2 ▶ Quadrat, Quiz, Quittung, Qualle, Quark, Quirl, Quitte, Quartier, Quatsch, Quelle
▶ Nr. 3 ▶ Quark, Quirl, Quiz, Quatsch, Quadrat, Quelle, Quittung
Seite 32 ▶ Nr. 2 ▶ quakt, quillt, quäle, quirlt, quiekt, quetscht, quasseln, qualmt

10. Die Eidechse

Seite 34 ▶ Nr. 3 ▶ waagerecht: Eidechse, Fuchs, Gewächs
senkrecht: Büchse, Ochse, Dachs, Lachs, Deichsel, Achse, Wachs
Seite 35 ▶ Nr. 3 ▶ wächst, wächst, wachsen, wachse, wachsen, wachst, wächst
Seite 36 ▶ Nr. 1 ▶ wechselhaft, abwechslungsreiche, verwechseln, umwechseln, Abwechslung, abwechseln, Reifenwechsel, Wildwechsel, Verwechslung, auswechseln

11. Alexandra

Seite 38 ▶ Nr. 2 ▶ Lexikon, Text, Hexe, Nixen, verflixt, Axt, Taxi, Praxis, mixt, extra, Boxer, Jux, Mixer, fix, Asterix, Obelix, Faxen

12. Grau und rot

Seite 40 ▶ Nr. 4 ▶ kein Dehnungszeichen: Esel, tot, saß/Dehnungs-h: beinah, ihm, sah/ie: quiekend, rief, nie/ieh: Vieh/doppelter Selbstlaut: Haare
Seite 41 ▶ Nr. 3 ▶ 7, 5, 2, 4, 6, 8, 3, 1

13. Das neue Grün

Seite 43 ▶ Nr. 2 ▶ waagerecht: Lehrerin, Mehl, Fahrt
senkrecht: Sohn, Stuhl, Nahrung, Draht, Rahmen, Huhn, Fehler, Lohn, Zahn, Höhle, Jahr, Bahn

14. Der fliegende Kloß

Seite 44 ▶ Nr. 3 ▶ Fleiß, weiß, Spaß, draußen, schließen, Fuß, gießen, süß, grüßen, Straße

Seite 45 ▶ Nr. 1 ▶ waagerecht: Fuß, Gruß, Kreis
senkrecht: Spaß, Glas, Los, Haus, Strauß, Kloß, Gefäß, Gas, Preis

▶ Nr. 5 ▶ 2, 5, 3, 7, 9, 8, 6, 4, 1

15. Riesenspaß

Seite 47 ▶ Nr. 2 ▶ glätten, klappen, stimmen, stoppen, Stoffe, Flüsse, Güsse, Nüsse, sammeln, dünner

Seite 48 ▶ Nr. 1 ▶ er schwamm, es floss, ich schoss, es goss, er pfiff, er schritt, du littest, sie kannte, sie schnitt, du griffst, er ritt, sie stritt, du glittest, sie rannte, ich gewann, es brannte

16. Nicht immer gleich wegwerfen

Seite 51 ▶ Nr. 1 ▶ 6, 1, 4, 3, 2, 5

▶ Nr. 2 ▶ „Wir könnten am Sonntag ins Kino gehen“, schlägt Laura vor.
„Zeigen Sie mir bitte Ihren Führerschein!“, fordert der Polizist den Fahrer auf.
„Wie geht es deiner Mutter, Laura?“, erkundigt sich die Lehrerin.
„Ich habe bei der Verlosung ein Fahrrad gewonnen!“, jubelt Felix.
„Mir tut mein Kopf so weh!“, jammert das Kind.
„Ich habe heute im Garten einen Igel beobachtet“, erzählt Lorenz.

17. Die Klassenzeitung

Seite 52 ▶ Nr. 4 ▶ durchstreichen: Leser, Verkäufer, Zeitungsträger

18. Eulenspiegel und die Honigdiebe

Seite 55 ▶ Nr. 3 ▶ bestimmen – Bestimmtheit, bewegen – Bewegung, stören – Störung, meinen – Meinung, gefangen – Gefängnis, geschwind – Geschwindigkeit, finster – Finsternis, krank – Krankheit, dunkel – Dunkelheit, heimlich – Heimlichkeit, ahnungslos – Ahnungslosigkeit, möglich – Möglichkeit, wahr – Wahrheit, dumm – Dummheit, frech – Frechheit, traurig – Traurigkeit

Seite 56 ▶ Nr. 1 ▶ -heit: Trockenheit, Freiheit, Dummheit, Krankheit
-keit: Heiserkeit, Flüssigkeit, Schwierigkeit, Fröhlichkeit
-ung: Heizung, Impfung, Änderung, Erzählung
-nis: Geheimnis, Finsternis, Wildnis, Gefängnis

▶ Nr. 2 ▶ Freundlichkeit, Frechheit, Sauberkeit, Gesundheit, Dunkelheit, Ähnlichkeit, Wichtigkeit, Schönheit, Pünktlichkeit, Falschheit, Offenheit, Ehrlichkeit

Seite 57 ▶ Nr. 3 ▶ 11, 12, 1, 2, 6, 3, 5, 4, 7, 8, 10, 9

19. Modenschau

Seite 59 ▶ Nr. 1 ▶ folgsam, duldsam, kleidsam, sparsam; dankbar, lenkbar, ehrbar, lesbar; stürmisch, modisch, kindisch, neidisch; fehlerhaft, scherzhaft, traumhaft, glaubhaft

Seite 60 ▶ Nr. 1 ▶ -ig: schattig, fleißig, durstig, vorsichtig, mutig
-lich: ärgerlich, glücklich, friedlich, ehrlich, täglich

▶ Nr. 2 ▶ der schattige Platz, die glückliche Anke, die durstigen Kinder, der mutige Nachbar, das tägliche Duschbad, der fleißige Bruder, die vorsichtige Frau, der ärgerliche Vater, die ehrliche Antwort, die friedliche Demo

20. Max, ein Prophet?

Seite 64 ▶ Nr. 1 ▶ Ch wie K: Christbaum, Chor, Charakter, Chiemsee, Chronik
Ch wie Sch: Chefin, Chauffeur, Champignon, Chance, Chip
Ch wie Ch: Chirurg, Chinese, Chemie, Chinin, Chile

Grundwortschatz für die Jahrgangsstufen 1 bis 4

Der Grundwortschatz umfasst ungefähr 700 Wörter.
Er ist in diesem Arbeitsheft für die Jahrgänge 1 bis 4 zusammengestellt. Der Grundwortschatz für die Jahrgänge 3 und 4 ist fett gedruckt. Der Grundwortschatz für die 1./2. Jahrgangsstufe ist mager gedruckt, weil er den Schülern bereits bekannt sein muss.
Wenn du die Wörter liest, wirst du feststellen, dass man einige Wörter so schreibt, wie man sie spricht.
Das sind die **Mitsprechwörter** (Beispiel: turnen).
Andere Wörter kannst du richtig schreiben, wenn du die Rechtschreibregeln kennst.
Das sind die **Nachdenkwörter** (Beispiel: Wald – Wälder).
Eine dritte Gruppe von Wörtern musst du dir merken.
Diese Wörter werden nicht so geschrieben, wie man sie spricht.
Sie richten sich auch nach keiner Regel.
Das sind die **Merkwörter** (Beispiel: Meer).

Häufig gebrauchte Wörter

ab
aber
als
also
am
an
auf
aus
bei
bin
bis
bist
da
dann
das
dass
dein, deine, deiner
dem
den
denn
der
des
dich
die
dies, diese, dieser
dir

doch
du
durch
ein, eine, einer
er
es
euch
euer, eure
für
ganz, ganze, ganzer
her
hier
hin
hinter
ich
ihm
ihn, ihnen
ihr, ihre
im
immer
in
ins
ist
ja
jede, jeder, jedes
kein, keine, keiner

man
mein, meine, meiner
mich
mir
mit
nach
nein
nicht
nichts
nie
nun
nur
ob
oder
oft
schon
sehr
sein, seine, seiner
seit
sich
sie
sind
so
über
um
und

uns, unser, unsere
unten, unter
viel
vom
von
vor
wann
warum
was
weil
weiter
welche, welcher, welches
wem
wen
wenig
wenn
wer
wie
wieder
wir
wo
zu
zum
zur
zusammen

A

Abend, Abende
acht
Affe, Affen
ähnlich
alle, alles
alt, älter
Ampel, Ampeln
ändern, ändert
anders
Angst, Ängste
ängstlich
antworten, antwortet
Apfel, Äpfel
April
arbeiten, arbeitet
ärgern, ärgert
Arm, Arme
Arzt, Ärzte
Ärztin, Ärztinnen
Ast, Äste
Aufgabe, Aufgaben
aufräumen, räumt auf
aufwecken, weckt auf
Auge, Augen
August
außen
Auto, Autos

B

Baby, Babys
backen, backt
Bäcker, die Bäcker
baden, badet
Bahn, Bahnen
Ball, Bälle
Bank, Bänke
Bauch, Bäuche
bauen, baut
Baum, Bäume
beginnen, beginnt, begann, begonnen
Bein, Beine
Beispiel, Beispiele
beißen, beißt, biss, gebissen

beobachten, beobachtet
bequem
bereit
bereits
Beruf, Berufe
besser
Bett, Betten
bevor
bewegen, bewegt
bezahlen, bezahlt
biegen, biegt, bog, gebogen
Biene, Bienen
Bild, Bilder
Birne, Birnen
bisschen
bitten, bittet, bat, gebeten
Blatt, Blätter
blau
bleiben, bleibt, blieb, geblieben
Blick, Blicke
blicken, blickt
blind
Blinde, Blinden
Blitz, Blitze
blitzen, blitzt
Block, Blöcke
bloß
blühen, blüht
Blume, Blumen
Blüte, Blüten
Boden, Böden
bohren, bohrt
Boot, Boote
böse
boxen, boxt
Brand, Brände
braun
brav
brennen, brennt, brannte, gebrannt
Brief, Briefe
Brille, Brillen
bringen, bringt, brachte, gebracht
Brot, Brote, Brötchen
Brücke, Brücken
Bruder, Brüder
Buch, Bücher
bunt
Busch, Büsche

C

Cent, Cents
Christ, Christen
Christbaum, Christbäume
Clown, Clowns
Computer, die Computer

D

danken, dankt
Decke, Decken, entdecken, entdeckt
denken, denkt, dachte, gedacht
deutlich
deutsch
Deutschland
Dezember
dick
Dienstag, Dienstage
Diskette, Disketten
Donner
donnern, donnert
Donnerstag, Donnerstage
Drache, Drachen
Draht, Drähte
draußen
Dreck
dreckig
drehen, dreht
drei
Druck
drücken, drückt
dumm
Dummheit
dunkel
dünn
Durst
durstig

E

Ecke, Ecken
eckig
ehrlich
Ei, Eier
eigentlich
eins
Elefant, Elefanten
elf
Eltern
empfinden, empfindet, empfand, empfunden
empfindlich
Ende, Enden
eng
Ente, Enten
entfernen, entfernt
Entfernung, Entfernungen
entgegen
entwickeln, entwickelt
Entwicklung, Entwicklungen
Erde
erlauben, erlaubt
Erlaubnis
erleben, erlebt
Erlebnis, Erlebnisse
erwarten, erwartet
Erwartung
erzählen, erzählt
Erzählung, Erzählungen
Essen, isst, aß, gegessen
Eule, Eulen
Euro, Euros
Europa

F

fahren, fährt, fuhr, gefahren
fallen, fällt, fiel, gefallen
Familie, Familien
fangen, fängt, fing, gefangen
Februar
Fehler, die Fehler
fehlerfrei
fein
Feld, Felder
Fenster, die Fenster
Ferien
fernsehen, sieht fern
Fernseher, die Fernseher
fertig
fett
Fett
feucht
Feuchtigkeit
Feuer, die Feuer
Fichte, Fichten
finden, findet, fand, gefunden
Finger, die Finger
Fleiß
fleißig
fliegen, fliegt, flog, geflogen
fließen, fließt, floss, geflossen
Flügel, die Flügel
Flugzeug, Flugzeuge
Fluss, Flüsse
flüssig
Flüssigkeit, Flüssigkeiten
fragen, fragt
Frau, Frauen
frei
Freiheit
Freitag, Freitage
fremd
Fremde, Fremden
fressen, frisst, fraß, gefressen
freuen, freut
Freude
Freund, Freunde, Freundin, Freundinnen
Frieden
friedlich
frieren, friert, fror, gefroren
fröhlich
Fröhlichkeit
frisch
Frucht, Früchte
Frühling
Fuchs, Füchse
fühlen, fühlt, Gefühl, Gefühle
führen, führt
Führung
füllen, füllt
Füller, die Füller
fünf
Fuß, Füße

G

Gans, Gänse
Garten, Gärten
Gebäude, bauen, baut
geben, gibt, gab, gegeben
Geburt, Geburten
Geburtstag, Geburtstage
Gefahr, Gefahren
gefährlich
geheim
Geheimnis, Geheimnisse
gehen, geht, ging, gegangen
gelb, gelbe
Geld, Gelder
Gemeinde, Gemeinden
Gemüse
Geschäft, Geschäfte, schaffen, schafft
geschehen, geschieht, geschah, geschehen
Gesetz, Gesetze
Gesicht, Gesichter
gestern
gesund, gesunde

gewinnen, gewinnt, gewann, gewonnen
Gewitter
gießen, gießt, goss, gegossen
Giraffe, Giraffen
glatt
Glück
glücklich
glühen, glüht
Gott
Gras, Gräser
groß, größer
grün
grüßen, grüßt
gut

H

Haar, Haare
haben, hat, hatte, gehabt
Hals, Hälse
halten, hält, hielt, gehalten
Hand, Hände
Handy, Handys
Hang, Hänge
hängen, hängt, hing, gehangen
hart, härter
Hase, Hasen
Haufen, die Haufen
häufig
Haus, Häuser
Haut, Häute
Hecke, Hecken
heiß
heißen, heißt, hieß, geheißen
heizen, heizt
Heizung, Heizungen
helfen, hilft, half, geholfen
hell
Hemd, Hemden
Herbst
Herr, Herren
herstellen, stellt her
Herstellung
heute
Hexe, Hexen
Hilfe
Himmel, die Himmel
Hitze
hoffen, hofft
hoffentlich
Höhe, Höhen
hohl
Höhle, Höhlen
hören, hört
Hose, Hosen
Hund, Hunde
hundert
Hunger
hungrig

I

Igel, die Igel
impfen, impft
Impfung, Impfungen
informieren, informiert
Information, Informationen
interessant
Interesse, Interessen

J

Jahr, Jahre
Januar
jemand, jemanden
Jugend
jugendlich
Juli
jung
Junge, Jungen
Juni

K

Käfer, die Käfer
Käfig, Käfige
Kalender, die Kalender
kalt
Kälte
Kamm, Kämme
Katze, Katzen
kaufen, kauft
kennen, kennt, kannte, gekannt
Kiefer, Kiefern
Kind, Kinder
klar, erklären, erklärt
Klasse, Klassen
Kleid, Kleider
klein
klettern, klettert
kommen, kommt, kam, gekommen
Kompass, Kompasse
können, kann, konnte, gekonnt
Kopf, Köpfe
Körper, die Körper
Kraft, Kräfte
kräftig
krank, kränker
kratzen, kratzt
Kraut, Kräuter
Kreuz, Kreuze
Kreuzung, Kreuzungen
kriechen, kriecht, kroch, gekrochen
Krieg, Kriege
Kuh, Kühe
kühl
kühlen, kühlt
Kuss, Küsse

L

Land, Länder
lang, länger
Lärm
lassen, lässt, ließ, gelassen
Laub
laufen, läuft, lief, gelaufen
laut
leben, lebt
legen, legt
Lehrer, die Lehrer
Lehrerin, Lehrerinnen
leicht
leise
lernen, lernt
lesen, liest, las, gelesen
letzte, letzter
leuchten, leuchtet
Leute
Lexikon, Lexika
Licht, Lichter
lieb
lieben, liebt
Lied, Lieder
liegen, liegt, lag, gelegen
links
Löffel, die Löffel
Lohn, Löhne, belohnen, belohnt
Löwe, Löwen

M

machen, macht
Mädchen, die Mädchen
Magnet, Magnete
Mai
malen, malt
man
Mann, Männer
März
Maschine, Maschinen
Maß, Maße
Maus, Mäuse
Medien
Meer, Meere
mehr
messen, misst, maß, gemessen
Messer, die Messer
Miete, Mieten
Minute, Minuten
Mittag
Mitte
Mittwoch
mixen, mixt
Monat, Monate
Montag, Montage
Moos, Moose
Morgen
Müll
Mund, Münder
müssen, muss, musste
Mutter, Mütter

N

Nacht, Nächte
nah
Nähe
Naht, Nähte
nähen, näht
Nahrung, ernähren, ernährt
Name, Namen
Nase, Nasen
nass
Nässe
Natur
natürlich
Nebel, die Nebel
nehmen, nimmt, nahm, genommen
neu
neun
niemals
niemand, niemanden
Nilpferd, Nilpferde
November
Nummer, Nummern
nummerieren
Nuss, Nüsse
nützen, nützt
nützlich

O

Obst

offen
ohne
Ohr, Ohren
Oktober
Onkel, die Onkel
Osterhase, Osterhasen
Ostern

P

Päckchen, die Päckchen
packen, packt
Paket, Pakete
Papier, Papiere
Pass, Pässe
passen, passt
Pferd, Pferde
pflanzen, pflanzt
pflegen, pflegt
Pilz, Pilze
Pizza, Pizzas / Pizzen
Platz, Plätze
plötzlich
Pommes
Programm, Programme
Puppe, Puppen

Q

Quadrat, Quadrate
quaken, quakt
Qual, Qualen
quälen, quält
Qualle, Quallen
Quelle, Quellen

R

Radio, Radios
raten, rät, riet, geraten
Rätsel, die Rätsel
Raum, Räume
Raupe, Raupen
rechnen, rechnet
rechts
Recycling
reden, redet
Regen
Reh, Rehe
reich
reisen, reist
reißen, reißt, riss, gerissen
rennen, rennt, rannte, gerannt
richtig
riechen, riecht, roch, gerochen,
Geruch, Gerüche
Rock, Röcke
rollen, rollt
rot
Rücken, die Rücken
rufen, ruft, rief, gerufen
Ruhe
ruhig
rühren, rührt

S

Saft, Säfte
sagen, sagt
Salz, Salze
sammeln, sammelt
Sammlung, Sammlungen
Samstag, Samstage
Sand, sandig
Satz, Sätze
schaffen, schafft
Schall
schalten, schaltet
Schalter, die Schalter
scharf, Schärfe
Schatten, die Schatten
schauen, schaut
scheinen, scheint
Schere, Scheren
schieben, schiebt, schob, geschoben
schief
schimpfen, schimpft
schlafen, schläft, schlief, geschlafen
schlagen, schlägt, schlug, geschlagen
schließen, schließt, schloss, geschlossen
schließlich
Schlüssel, die Schlüssel
schmecken, schmeckt
Schmetterling, Schmetterlinge
Schmutz, schmutzig
Schnee
schneiden, schneidet, schnitt, geschnitten
schnell
schön
Schreck, schrecklich, erschrecken, erschreckt, erschrak, erschrocken
schreiben, schreibt, schrieb, geschrieben
schreien, schreit, schrie, geschrien
Schuh, Schuhe
Schule, Schulen
schütteln, schüttelt
Schutz
schützen, schützt
schwarz
schweigen, schweigt, schwieg, geschwiegen
Schwester, Schwestern
schwierig, Schwierigkeit
schwimmen, schwimmt, schwamm, geschwommen
schwitzen, schwitzt
sechs
See, Seen
sehen, sieht, sah, gesehen
Seife, Seifen
Sekunde, Sekunden
September
setzen, setzt, besetzt
sieben
singen, singt, sang, gesungen
sitzen, sitzt, saß, gesessen
Skizze, Skizzen
skizzieren, skizziert
Sohn, Söhne
sollen, soll
Sommer
Sonne
Sonntag, Sonntage
Spaghetti/Spagetti
sparen, spart
Spaß, Späße
spät, verspäten
Spaziergang, Spaziergänge
spazieren, spaziert
Spiegel, die Spiegel
spiegeln, spiegelt
spielen, spielt
spitz
Spitze, Spitzen
Sport
Stadt, Städte
Stamm, Stämme
Stange, Stangen
Stängel, die Stängel
stark
stärken, stärkt
stehen, steht, stand, gestanden
stellen, stellt
Steuer
steuern, steuert
Stiel, Stiele
Stift, Stifte
still
stimmen, stimmt, bestimmt
Stirn, Stirnen
Stoff, Stoffe
Strand, Strände
Straße, Straßen
Strauch, Sträucher
Strauß, Sträuße
Streit
streiten, streitet, stritt, gestritten
Strom, Ströme
strömen, strömt
Stück, Stücke
Stuhl, Stühle
Stunde, Stunden
Sturm, Stürme
stürmen, stürmt
stürmisch
suchen, sucht
süß
Süßigkeit, Süßigkeiten

T

Tag, Tage
Tanne, Tannen
Tante, Tanten
Tasche, Taschen
Tasse, Tassen
tausend, Tausende/tausende
Taxi, Taxis
Technik, Techniken
Teddy, Teddys
Tee, Tees
Telefon, Telefone
Teller, die Teller
Temperatur, Temperaturen
Text, Texte
Theater, die Theater
Thermometer, die Thermometer
Tier, Tiere
tief, Tiefe
Tochter, Töchter
tragen, trägt, trug, getragen
Träne, Tränen
Traum, Träume
träumen, träumt

treffen, trifft, traf, getroffen
treu
trinken, trinkt, trank, getrunken
trocken
turnen, turnt

U

üben, übt
überqueren, überquert
Uhr, Uhren
umkehren, kehrt um
ungefähr
Unterricht
Urlaub

V

Vase, Vasen
Vater, Väter
verbieten, verbietet, verbot, verboten
verbrauchen, verbraucht
verbrennen, verbrennt, verbrannte, verbrannt
Verbrennung, Verbrennungen
Verein, Vereine
vereinen, vereint
vergessen, vergisst, vergaß, vergessen
Verkehr
verletzen, verletzt
Verletzung, Verletzungen
verlieren, verliert, verlor, verloren
verpacken, verpackt
Verpackung, Verpackungen
verschmutzen, verschmutzt
Verschmutzung, Verschmutzungen
versuchen, versucht
Versuchung, Versuchungen
vielleicht
vier
Vogel, Vögel
voll, vollständig
Vorfahrt
Vorsicht
vorsichtig

W

Waage, Waagen
wachsen, wächst, wuchs, gewachsen, Gewächs, Gewächse
Wahl, Wahlen
wählen, wählt
während
Wald, Wälder
warm, Wärme
warten, wartet
waschen, wäscht, wusch, gewaschen
Wasser
wechseln, wechselt
Wecker, die Wecker
Weg, Wege
Weihnachten
weil
weiß
weit, weiter
werden, wird, wurde, geworden
Wetter
wichtig
wiegen, wiegt, wog, gewogen
Wiese, Wiesen
wild, wilde
Wind, Winde
Winter
Woche, Wochen
wissen, weiß, wusste, gewusst
wohnen, wohnt
wollen, will, wollte, gewollt
Wort, Wörter
wünschen, wünscht
Wurzel, Wurzeln

X

X-Beine
Xylofon, auch: Xylophon

Y

Yacht, Yachten, auch: Jacht, Jachten
Yak, Yaks, auch: Jak, Jaks
Ypsilon

Z

Zahl, Zahlen
zählen, zählt
Zahn, Zähne
Zebra, Zebras
Zehe, Zehen
zeichnen, zeichnet
zehn
zeigen, zeigt
Zeit, Zeiten
Zeitung, Zeitungen
Zimmer, die Zimmer
Zeugnis, Zeugnisse
ziehen, zieht, zog, gezogen
Ziel, Ziele
zielen, zielt
zu
Zucker
Zukunft, zukünftig
zuletzt
zum
zur
zurück
zusammen
zwei
Zwiebel, Zwiebeln
zwölf

1. Wörter mit eu

Es brennt

Wer ist der ____________________, der nachts immer wieder in ____________________

und Scheunen ____________ legt? Auch ____________ Nacht ______________ wieder

eine Scheune. Die ____________ schreckten aus dem Schlaf, als die ________________

mit heulenden ______________ durch die ____________ fuhr und über die

____________________ raste. Aber bevor noch die Feuerwehrleute mit ihren

____________________ die __________________ erreichten, war die

________________ bereits eine ____________ der Flammen.

Trage die folgenden Wörter richtig in den Text ein: **Beute, Scheune, Feuerteufel, Feuer, Heuballen, Kreuzungen, brannte, heute, Sirenen, Feuerwehr, Leute, Feuerstelle, Stadt, Fahrzeugen**.

Es brennt

Wer ist der **Feuerteufel**, / der nachts immer wieder in **Heuballen** / und **Scheunen Feuer** legt?
Diese Frage stellt ein Zeitungsleser / in seinem Leserbrief.
Er berichtet, / dass auch **heute** Nacht wieder / eine **Scheune** brannte.
Die **Leute** schreckten aus dem Schlaf, / als die **Feuerwehr** mit **heulenden** Sirenen / durch die Stadt fuhr / und über die **Kreuzungen** raste.
Aber bevor noch die **Feuerwehrleute** / mit ihren **Fahrzeugen** / die **Feuerstelle** erreichten, / sahen sie schon von Weitem, / wie die meterhohen Flammen / den Nachthimmel **erleuchteten**.
Die **Scheune** wurde eine **Beute** der Flammen.
Hoffentlich kann die Polizei / den Brandstifter bald ergreifen!

(91 Wörter)

Fremder Text:

Die Eule

Lorenz und sein **Freund** Hans / verbrachten ihre Ferien / auf einem Bauernhof.
Nicht weit von dem Wohngebäude entfernt / entdeckten die Jungen eine alte **Scheune**.
In dem morschen Gemäuer / gab es viele Mäuse.
Als die Jungen **neulich** / zwischen den Balken umherkletterten, / bemerkten sie eine **Eule**.
Sie hockte auf dem **Heuboden** / unter dem Dach.
Zuerst fanden die Jungen sie **abscheulich** / und wollten sie **verscheuchen**.
Aber dann sahen sie **deutlich** die großen Augen, / die wie Bernsteine **leuchteten**.
Vor ihr lagen die Überreste / ihrer **Beute**.
Es waren kleine Knäuel aus Haaren, / Knochen und Zähnen, / die von Mäusen stammten.
Nun **freuten** sich die Jungen, / dass sie diesen **scheuen** Vogel / aus der Nähe betrachten konnten.

(108 Wörter)

2. Wörter mit dem Umlaut Ä/ä

▶ Der Zimmermann des Waldes

Es war ____________ und die ______________ in den Wäldern hatten noch keine _____________.

Die __________________________ konnten durch die ____________ scheinen und den Waldboden

_________________. So _______________ nun überall die ____________________________.

Durch die ______________ des Waldes ertönte _________________ ein lautes Klopfen.

Ein Buntspecht ________________ mit seinem __________________ Schnabel gegen den

_______________ einer Lärche. Er wollte sich dort eine __________________ bauen.

Trage die folgenden Wörter richtig in den Text ein: **Stamm, hämmerte, Stille, wuchsen, März, Sonnenstrahlen, Nisthöhle, kräftigen, plötzlich, Frühlingsblumen, Äste, Bäume, erwärmen, Blätter**.

▶ Der Zimmermann des Waldes

Im Frühling wanderte die Lehrerin / mit ihrer Klasse / durch die **Wälder**.
Es war März / und die Bäume hatten / noch keine **Blätter**.
Die Sonnenstrahlen konnten / durch die **Äste** scheinen / und den Waldboden **erwärmen**.
Die Kinder erfreuten sich / an den Frühlingsblumen.
Plötzlich ertönte / ein lautes Klopfen.
Die Kinder reckten ihre **Hälse**.
Dann entdeckten sie / einen großen, bunten Vogel, / der mit seinem **kräftigen** Schnabel / gegen den Stamm einer Lärche **hämmerte**.
„Das ist ein Buntspecht, / der dort seine Nisthöhle baut“, / **erklärte** ein Schüler.
„Man nennt ihn auch / den Zimmermann des Waldes“, / **erzählte** die Lehrerin.

▶ **(90 Wörter)**

Fremder Text:

▶ Hurra, der Herbst ist da

Noch **wärmt** die Herbstsonne.
Sie **lässt** die bunten **Blätter** / an den **Ästen** und Zweigen / in den schönsten Farben leuchten.
Heute aber freuen sich / Laura und Lorenz gar nicht / über die bunt **gefärbten Blätter**.
Das welke Herbstlaub / bedeckt den Rasen / und die Wege in den **Vorgärten**.
Die Kinder müssen das Laub / im Garten zusammenharken.
Zunächst häufen sie / **mächtige Blätterberge** auf.
Plötzlich **bläst** der Wind / zwischen die Haufen / und wirbelt die **Blätter** / wieder auseinander.
Die Kinder stopfen **ärgerlich** / das Laub in **Müllsäcke**.
Lorenz ruft freudig: / „Es ist erstaunlich, / wie viel Laub in den Sack hineinpasst!
Ich werde noch ein guter Laubstopfer.“
Laura **lächelt**, / denn der Sack hat ein großes Loch.

▶ **(108 Wörter)**

3. Keine Ableitung für den Umlaut Ä/ä

▶ Ja, die Ruth

Ruth wünschte sich, dass der ______________ ihr einmal aufmerksam zuhört.

Sie wollte ihm ________________ einige _____________ stellen. Sie begann: „Warum verlangen

die ______________________, dass ___________________ braver sein sollen als Jungen?“

Sie fragte weiter: „Warum dürfen sich Mädchen nicht wie _______________ raufen?“

„Warum sollen Mädchen nicht wie Jungen ______________ und _______________________?“

Der Vater war ___________________________ und gab keine ___________________________.

Trage die folgenden Wörter richtig in den Text ein: **Jungen, Mädchen, Vater, Erwachsenen, Fragen, Antwort, nämlich, toben, verlegen, schreien**.

▶ Ja, die Ruth

Ruth bat ihren Vater: / „Höre mir bitte einmal / aufmerksam zu!
Ich möchte, / dass du mir einige Fragen beantwortest.“
Der Vater **lächelte** erwartungsvoll / und war einverstanden.
Sie begann zögernd: / „Sag mir bitte, / warum die Erwachsenen verlangen, /
dass **Mädchen** braver sein sollen als Jungen?“
Dann sprudelten die Fragen / aus ihr heraus.
„Warum dürfen sich **Mädchen** / nicht wie die Jungen raufen?“
„Warum dürfen **Mädchen** / nicht wie die Jungen toben und schreien?“
„Warum sollen wir **Mädchen** / für die Jungen waschen und bügeln?“
Der Vater hüstelte verlegen / und wusste keine rechte Antwort.
Ruth aber war enttäuscht.

▶ **(91 Wörter)**

Fremder Text:

▶ Im Ährenfeld

Viele kleine Tiere / lebten als **Gäste** / in dem **Ährenfeld**.
Schon früh am Tag / zirpten die Grillen / und tranken vom Morgentau.
Die Morgensonne / erwärmte rasch die Luft / und die Blüten dufteten.
Blaue Kornblumen / und rote Mohnblüten / leuchteten zwischen den gelben **Ähren**.
Die Bienen summten, / holten sich Blütensäfte / und trugen Blütenstaub nach Hause.
Auch die Hummeln / sammelten Blütenstaub. Schmetterlinge taumelten / von Blüte zu Blüte.
Ebenso fanden die **Käfer** / reichlich Nahrung.
Den ganzen Tag über / schwirrten und surrten / die Fliegen umher.
Unzählige Mücken tanzten / über dem **Ährenfeld** im Sonnenschein.
Aber eines Tages war es vorbei / mit dem fröhlichen Tanzen / und dem munteren Leben.
Es war **nämlich** Erntezeit.
Ein **Mähdrescher** schnitt das Getreide / und nur noch die Stoppeln blieben stehen.

▶ **(116 Wörter)**

4. Weicher oder harter Auslaut (d/t, b/p, g/k)

▶ Immer bergab

Max __________ Äpfel, __________ und einige Päckchen mit __________ in den __________.

Er will mit seinem ___________ Moritz einen _____________ machen.

Jeder steigt auf sein ________ und los geht die ___________. Es ist ein heißer _________.

Sie haben sich deshalb einen bequemen ________ ausgesucht.

Sie fahren nur ___________.

An einem ________________ machen sie Rast, denn sie haben Hunger und ___________.

Welches Problem könnten sie auf dem ______________ haben?

Trage die folgenden Wörter richtig in den Text ein: **Waldrand, Durst, Weg, bergab, Heimweg, packt, Tag, Fahrt, Brot, Ausflug, Freund, Korb, Rad, Saft**.

▶ Immer bergab

Max **packt** Äpfel, / **Butterbrot** und einige Päckchen **mit Saft** / in einen **Korb**.
Er will **mit** seinem **Freund** Moritz / einen **Ausflug** machen.
Jeder **steigt** auf sein **Rad** / und los **geht** die **Fahrt**.
Da es ein heißer **Tag** ist, / haben sie sich / einen bequemen **Weg ausgesucht**.
Sie fahren nämlich nur **bergab**.
In der Ferne erkennen sie / die Schornsteine einer **alten Fabrik**.
Wiese, **Feld** und **Wald** / fliegen an ihnen vorbei / und der **Fahrtwind kühlt** ihre **Haut**.
An einem **Waldrand** / machen sie **Rast**, / denn sie haben Hunger und **Durst**.
Schließlich müssen sie / an den **Heimweg** denken.
Welches Problem könnte sich dabei ergeben?

▶ **(98 Wörter)**

Fremder Text:

▶ Abschied von der Grundschule

Heute sprechen die **Kinder** / der vierten Klasse / über ihren **Abschied** aus der **Grundschule**.
Manche **Kinder** besuchen gemeinsam / eine neue Schule.
Andere werden sich im **Schwimmbad** / oder beim **Sport** wieder treffen.
Vielleicht sehen sie sich auch / in einem **Geschäft** / beim Einkaufen wieder.
Wer einen guten **Freund hat**, / will ihn **häufig** besuchen.
Viele **Kinder** haben ein bisschen **Angst** / vor der neuen Schule.
Klara meint: „Es **stimmt**, dass ich mich vor den vielen neuen Fächern fürchte."
Die schüchterne Lena **hofft**, / dass sie eine Lehrerin **bekommt**, / die sie **versteht**.
Jan möchte **nicht** / der **einzige** Neue in der Klasse sein.
Müssen sich die **Kinder** wirklich Sorgen machen?

▶ **(102 Wörter)**

5. Weicher oder harter Auslaut (ng oder nk)

▶ Das Stinktier

Wisst ihr, dass ein ______________ besondere ______________________ hat? Da ihm große,

scharfe _____________ fehlen, hat es eine andere __________ für seine __________________.

Wenn sich ein _________ nähert, dreht es sich blitzschnell um, stellt seinen ______________

hoch und spritzt dem ______________ eine gefährliche ________________ entgegen.

Wenn sie nämlich in die __________ gerät, kann sie zum Erblinden führen.

Die meisten ________ fürchten deshalb die ___________________ mit einem Stinktier.

Trage die folgenden Wörter richtig in den Text ein: **Tiere, Schwanz, Waffe, Begegnung, Verteidigung, Eigenschaften, Flüssigkeit, Augen, Angreifer, Feind, Stinktier, Krallen**.

▶ Das Stinktier

Das **Stinktier** lebt in Amerika.
Wisst ihr, / dass ein **Stinktier** / besondere Eigenschaften hat?
Da ihm große, scharfe Krallen fehlen, / hat es eine andere Waffe / für seine **Verteidigung**.
Wenn sich ein Feind nähert, / dreht es sich blitzschnell um, / stellt seinen Schwanz hoch / und spritzt dem Angreifer / eine **stinkende** Flüssigkeit entgegen.
Es kann damit seinen Gegner / bis zu einer **Entfernung** / von sechs Metern treffen.
Diese Flüssigkeit **stinkt** nicht nur fürchterlich, / sondern hat auch eine gefährliche **Wirkung**.
Wenn sie nämlich in die Augen gerät, / können Menschen und Tiere / blind werden.
Die meisten Tiere fürchten deshalb / die **Begegnung** mit einem **Stinktier**.

▶ **(97 Wörter)**

Fremder Text:

▶ Das ist gemein

In der Schule **erklingt** der **Gong**.
Die Kinder stürmen aus dem Klassenraum.
Laura **singt** das Lied, / das sie gerade gelernt hat.
Tobias **zankt** sich mal wieder.
Der Flur ist **eng** und **lang** / und so gibt es meistens / ein großes **Gedränge**.
Endlich können sich Steffi und Lena / durch die Tür **zwängen**.
Beide eilen zu ihren Fahrrädern.
Mit **Schwung** befördern sie / ihre Schultaschen / auf den Gepäckträger.
Als Steffi auf ihr Fahrrad steigt, / bemerkt sie den platten Reifen. Sie sagt: / „Das ist ärgerlich, / denn ich wollte noch **flink** / ein **Geschenk** für meine **kranke** Oma kaufen."
Der Hausmeister **bringt** das Rad / wieder in **Ordnung**.
Er will versuchen, / den **Feigling** zu finden, / der das gemacht hat.

▶ **(111 Wörter)**

6. Wörter mit ai

▶ Was läuft im Fernsehen?

Weil Felix sich langweilt, schaltet er den ______________ ein. Zuerst schaut er sich den

____________________ „Des ______________ neue ______________“ an.

Dann hört er dem ______________________________ zu. Er erfährt, dass in Japan ein

___________ wütet und meterhohe _____________________ den _________ überfluten.

Viele _______________ mussten sterben und viele Kinder wurden zu ______________.

Plötzlich stürmt seine _______________ herein und ruft: „Schalte bitte schnell um,

denn gleich _______________ die _______________ über ___________.“

Trage die folgenden Wörter richtig in den Text ein: **Kaisers, Kleider, Taifun, Menschen, Wassermassen, Kai, Waisen, Nachrichtensprecher, Haie, Sendung, Schwester, beginnt, Märchenfilm, Fernseher**.

▶ Was läuft im Fernsehen?

Weil Felix sich langweilt, / schaltet er den Fernseher ein.
Zuerst schaut er sich den Märchenfilm / „Des **Kaisers** neue Kleider“ an.
Dann hört er dem Nachrichtensprecher zu.
Er erfährt, / dass in Japan / ein **Taifun** wütet / und meterhohe Wassermassen / den **Kai** überfluten.
Viele Menschen mussten sterben / und viele Kinder wurden zu **Waisen**.
Anschließend berichtet ein Reporter / über den Karneval in **Mainz**.
Felix schaltet weiter. Lustlos blickt er auf die Mattscheibe.
Plötzlich stürmt seine Schwester herein / und ruft: /
„Schalte bitte schnell um, / denn gleich beginnt die Sendung über **Haie**.“

▶ **(86 Wörter)**

Fremder Text:

▶ Ein Unwetter

In den letzten **Maitagen** / wütete im **Pazifik** / ein fürchterlicher **Taifun**.
Besonders verwüstet / wurde die Insel **Hawaii**.
An den **Kais** kenterten zahlreiche Schiffe.
Die Getreidespeicher / wurden zerstört, / sodass Reis, Weizen und **Mais** / im Meer verschwanden.
Selbst **Haie** wurden / von den Wassermassen / an Land gespült.
Alle Leitungen wurden zerstört. Es gab weder Wasser noch Strom.
Wie Streichhölzer knickten / die Telegrafenstangen um /
und ihre Drähte hingen / wie gerissene **Geigensaiten** herab.
Reihenweise standen Häuser in Flammen.
Verzweifelt versuchten die Menschen, / sich in Sicherheit zu bringen.
Aber viele Menschen mussten sterben / und zahlreiche Kinder / wurden zu **Waisen**.

▶ **(92 Wörter)**

7. Wörter mit V/v

▶ Vögel, die nicht fliegen können

Kennst du ____________, die nicht fliegen können? Der Vogel Strauß gehört zu dieser

______________. Er ist der _____________ Vogel auf unserer __________.

Er kann nicht _______________, weil er zu ____________ ist. Außerdem hat er nur kleine

______________________. Wenn er _____________ muss, läuft er auf seinen starken

_____________ den Feinden ____________. Aber er kann sich auch mit seinem kräftigen

_______________ und seinen starken ____________ verteidigen.

Trage die folgenden Wörter richtig in den Text ein: **Vogelart, Vögel, Schwungfedern, Füßen, Beinen, Schnabel, Erde, größte, schwer, davon, fliehen, fliegen**.

▶ Vögel, die nicht fliegen können

Kennst du **Vögel**, / die nicht fliegen können?
Der **Vogel** Strauß / gehört zu dieser **Vogelart**.
Er ist der größte **Vogel** / auf unserer Erde.
Er kann nicht fliegen, / weil er zu schwer ist.
Außerdem hat er nur / kleine Schwungfedern.
Wenn er fliehen muss, / läuft er auf seinen starken Beinen / den Feinden **davon**.
Aber er kann sich auch / mit seinem kräftigen Schnabel / und seinen starken Füßen **verteidigen**.
Der Pinguin kann auch / nicht fliegen.
Aber er ist ein ausgezeichneter Schwimmer.
Seine Flügel gebraucht er als Flossen / und seine Füße als Ruder.
Mit seinem Schnabel / und seinen Füßen **verteidigt** er sich / erfolgreich gegen seine Feinde.

▶ **(100 Wörter)**

Fremder Text:

▶ Radfahrprüfung

Hans ist ein geschickter Fahrradfahrer.
An ihm ist eigentlich / ein Kunstfahrer / **verloren** gegangen.
Außerdem kann er / sein Fahrrad selbstständig reparieren.
Er weiß, / wie man ein **Ventil** / oder einen Reifen wechseln / und das Lichtkabel / **verlegen** muss.
Aber vor der Radfahrprüfung / hat er ein wenig Angst.
Viele Regeln kann er / einfach nicht behalten.
Warum soll er / beim Abbiegen nach rechts / einen engen Bogen fahren?
Er kommt mit Schwung / lässig um jede **Kurve**.
Warum soll er sich / vor dem Anfahren / nach hinten links umschauen?
Er guckt beim Losfahren / immer nach **vorn.**
Sein **Vater** erklärt ihm, / dass er die **Verkehrszeichen** / beachten muss.
Wieso gelten die **Verkehrszeichen** auch für Radfahrer?

▶ **(105 Wörter)**

8. Vorsilben mit V/v

▶ Advent

Auch in der Schule feiern wir die ______________ . Unter der Decke hängt ein großer ______________ mit ________ dicken, roten ______________ .

In jeder ______________ zünden wir eine __________ mehr an.

Gemeinsam haben wir einen ______________ gebastelt.

Wir dürfen auch ______________ vorlesen. Wenn wir ______________ singen, begleitet uns Lisa auf dem ____________ . Unsere Lehrerin bereitet mit uns eine ______________ vor, zu der wir unsere __________ einladen.

Trage die folgenden Wörter richtig in den Text ein: **Klavier, vier, Eltern, Adventsfeier, Adventslieder, Adventszeit, Adventswoche, Adventskranz, Adventskerzen, Kerze, Adventsgeschichten, Adventskalender**.

▶ Advent

Auch in der Schule feiern wir die Adventszeit.
Unter der Decke hängt ein großer Adventskranz / mit vier dicken, roten Adventskerzen.
In jeder Adventswoche zünden wir / eine Kerze mehr an.
Gemeinsam haben wir / einen Adventskalender gebastelt.
An jedem Adventstag öffnet ein Kind / ein Türchen in dem Kalender /
und findet dahinter / eine kleine Überraschung.
Wir dürfen auch Adventsgeschichten **vorlesen /** und Adventsgedichte **vortragen.**
Wenn wir Adventslieder singen, / begleitet uns Lisa auf dem Klavier.
Sie kann schon sehr gut **vorspielen**.
Unsere Lehrerin **verspricht**, / mit uns eine Adventsfeier **vorzubereiten**, / zu der wir unsere Eltern / einladen dürfen. Aber dafür müssen wir noch fleißig / an einem Adventsspiel üben.

▶ **(101 Wörter)**

Fremder Text:

▶ Das kleinere Übel

Ute **verhielt** sich immer sehr vorsichtig.
Sie war keine gute Schwimmerin / und **verabscheute** das kalte Wasser.
Deshalb hielt sie sich immer / **vollkommen** zurück, / wenn die anderen ins Freibad gingen.
Aber der Gedanke, / dass sie dort mit ihrem Freund Peter / Ball spielen kann, /
verführte sie, / diesmal doch mitzugehen. Nun kam sie **vorsichtig** an den Beckenrand, /
denn Peter wollte ihr einen Kopfsprung / vom Dreimeterbrett **vorführen**.
Plötzlich **verstellte** ihr / ein großer Hund den Rückweg.
Sie **versuchte**, / das Tier zu **verscheuchen**. Aber das war unmöglich. In ihrer Not sprang sie ins Wasser, / weil sie das für das kleinere Übel hielt. Richtig, / der Hund **verschwand**.

▶ **(100 Wörter)**

9. Wörter mit Qu/qu

▶ An der Nordsee

In diesem __________ verlebten wir unseren _____________ auf der __________ Norderney.

Der ______________ war unglaublich __________.

Den ganzen Tag ______________ die ___________ vom wolkenlosen ______________.

Manchmal war das schon eine ___________.

Oft ________________ ich mit meinen Eltern weit hinaus ins ___________.

Einmal waren wir plötzlich von einem Schwarm ______________ umgeben.

Da wollte ich nur noch ganz _____________ an den _____________ schwimmen.

Trage die folgenden Wörter richtig in den Text ein: **Qual, Quallen, Sommer, Sonne, Meer, Himmel, Strand, Urlaub, Jahr, Insel, schnell, heiß, schwamm, brannte**.

▶ An der Nordsee

In diesem Jahr verlebten wir / unseren Urlaub auf der Insel Norderney.
Der Sommer war unglaublich heiß.
Den ganzen Tag brannte die Sonne / vom wolkenlosen Himmel.
Manchmal war das schon eine **Qual**.
Darum hielten wir uns / fast nur noch am Strand auf.
Wir genossen das kühle Wasser.
Oft schwamm ich mit meinen Eltern / weit hinaus ins Meer.
Einmal waren wir plötzlich / von einem Schwarm **Quallen** umgeben.
Vor Schreck schrie ich laut auf.
Ich wollte nur noch ganz schnell / zurück an den Strand schwimmen.

▶ **(82 Wörter)**

Fremder Text:

▶ An der Quelle

Tim verbrachte die Sommerferien / mit seinen Eltern in den Bergen.
Sie wohnten in einem schönen **Quartier** / in einer Berghütte.
Die Eltern und Tim / hatten sich **bequeme** Bergschuhe / zum Wandern gekauft.
So bekamen sie beim Laufen / keine **quälenden** Blasen / an den Füßen.
Tim machte das Wandern Spaß / und er hatte / kein einziges Mal **gequengelt**.
Eines Tages entdeckten sie / auf ihrer Wanderung / eine **Quelle**.
Unter einem Felsen **quoll** / klares, sauberes Wasser hervor.
Tim ließ sich das **Quellwasser** / über die Hände und Arme laufen.
Es war eiskalt, / aber es schmeckte wunderbar.
Auf dem Rückweg sammelten sie Blaubeeren / für eine **Quarkspeise** am Abend.

▶ **(99 Wörter)**

10. Wörter mit chs

▶ Die Eidechse

An heißen Sommertagen ____________ sich die ________________ gerne auf einem warmen __________. Wenn es ___________ ist, sind die Eidechsen flink und lebhaft. Bei kühlem ____________ aber sind sie langsam und träge. Das hängt mit ihrer _________________ Körperwärme zusammen. Die ___________________________ der Eidechsen steigt nämlich bei _____________ und sinkt bei __________. Wie alle ______________________ Tiere ________________ sich die Eidechse im __________ in einem Versteck. Dort verbringt sie den Winter in ____________________.

Trage die folgenden Wörter richtig in den Text ein: **Eidechsen, wechselwarmen, Kälte, Wärme, Winterstarre, Stein, Wetter, Herbst, sonnen, verkriecht, wechselnden, Körpertemperatur, warm**.

▶ Die Eidechse

An heißen Sommertagen / sonnen sich die **Eidechsen** gerne / auf einem warmen Stein.
Wenn du sie beobachten willst, / musst du dich ganz still verhalten, /
denn diese kleinen Tiere / sind sehr scheu.
Wenn es warm ist, / sind die **Eidechsen** flink und lebhaft.
Bei kühlem Wetter aber / sind sie langsam und träge.
Das hängt mit ihrer / **wechselnden** Körperwärme zusammen.
Die Körpertemperatur der **Eidechsen** / steigt nämlich bei Wärme / und sinkt bei Kälte.
Wie alle **wechselwarmen** Tiere / verkriecht sich die **Eidechse** /
im Herbst in einem Versteck. Dort verbringt sie den Winter in Winterstarre.

▶ **(88 Wörter)**

Fremder Text:

▶ Der Dachs, ein Schnüffler mit Streifenmaske

Der **Dachs** / lebt im Mischwald.
Tagsüber ruht der **Dachs** / in seinem Bau / in unterirdischen Gängen.
Diesen Bau gräbt er / mit seinen breiten, kräftigen Vorderpfoten, /
an denen scharfe Krallen **wachsen**.
Da die **Dachse** ihre Krallen / zum Graben und Fressen fit halten müssen, /
schärfen sie ihre Krallen / an Baumstümpfen.
Der **Dachs** teilt seinen Bau / mit anderen **Dachsen** / seiner Großfamilie.
Bei Anbruch der Dunkelheit / kommen alle hervor, / um Nahrung zu suchen.
Sie können nicht gut sehen, / aber sie haben / einen ausgezeichneten Geruchssinn.
Sie schnüffeln vor sich hin / und laufen dann immer / der Nase nach.
Sie fressen Beeren, / Pilze und Bucheckern, / aber auch Kleintiere / wie Mäuse oder **Eidechsen**.

▶ **(104 Wörter)**

11. Wörter mit dem ks-Laut

▶ Alexandra

Felix arbeitet an seinen ______________________ . Er will eine ____________________ lösen.

Aber es ist wie _____________ , denn er muss dauernd an _________________ denken.

Er ____________ Alexandra richtig prima.

Im _________________ hat sie ihm heute ihr _________________ geborgt.

In der Mathestunde ___________ sie ihn in die Seite, um ihn vor der ________________ zu

warnen. Aber vor Schreck machte er einen ____________________ in sein Heft.

Trage die folgenden Wörter richtig in den Text ein: **Lehrerin, Tintenklecks, verhext, boxte, Unterricht, Hausaufgaben, Textaufgabe, Alexandra, Tierlexikon, findet**.

▶ Alexandra

Felix arbeitet an seinen Hausaufgaben.
Er will eine **Textaufgabe** lösen.
Aber es ist wie **verhext**, / denn er muss dauernd / an **Alexandra** denken.
Er findet **Alexandra** richtig prima.
Im Unterricht hat sie ihm heute / ihr **Tierlexikon** geborgt.
Außerdem **boxte** sie ihn / in der Mathestunde / in die Seite, /
um ihn vor der Lehrerin zu warnen.
Er machte nämlich gerade mal wieder / einen **Jux** mit seinem Freund.
Aber vor Schreck / machte er einen **Tintenklecks** in sein Heft.
Jetzt ist er beunruhigt, / weil **Alexandra** heute / mit einem **Taxi** zur Schule kam.
„Ich werde sie anrufen / und danach fragen", / beschließt er.

▶ **(96 Wörter)**

Fremder Text:

▶ Prüfungsängste

Felix war **fix** und fertig.
Er hatte ziemliche Angst / vor seinem **Examen**.
Deshalb fuhr er mit einem **Taxi** / und nicht mit seinem Fahrrad zur Uni.
Er musste in Latein / einen **Text** übersetzen.
Dafür durfte er ein **Lexikon** benutzen.
Allerdings fehlte ihm die Geduld, / um häufig nachzuschlagen.
So war er gar nicht mehr sicher, / dass ihm eine **exakte** Übersetzung / gelingen würde.
Er schrieb **sechs** Seiten.
Als er seine Arbeit fast beendet hatte, / war es wie **verhext**.
Er machte nämlich / einen großen **Tintenklecks** / auf die letzte Seite.
Dabei hatte er sich **extra** / um eine saubere Schrift bemüht.
Rasch **wechselte** er das Blatt / und schrieb den **Text** / der letzten Seite noch einmal.

▶ **(109 Wörter)**

12. Wörter mit doppeltem Selbstlaut

▶ Grau und rot

Ein __________ verirrte sich in einem Wald.

Plötzlich _________________ er auf einem Baum ein ____________________.

Er _____________ sich beinahe tot, weil das Eichhörnchen ein _________________ Fell hatte.

Brüllend, pustend, quiekend, kichernd __________ er:

„So etwas _________ ich noch nie. Das __________ hat ja rote ___________."

Das _______________ Eichhörnchen blieb ganz __________. Es ___________________

überlegen: „Über _________ Haare lachen nur die ________________ Esel."

Trage die folgenden Wörter richtig in den Text ein: **Eichhörnchen, Esel, Haare, Vieh, rief, antwortete, rote, dummen, gescheite, ruhig, lachte, entdeckte, sah, feuerrotes**.

▶ Grau und rot

Ein Esel hatte sich in einem Wald verirrt.
Plötzlich entdeckte er / auf einem Baum / ein Eichhörnchen.
Es sprang geschickt / von Ast zu Ast.
Der Esel lachte sich beinahe tot, / weil das Eichhörnchen / ein feuerrotes Fell hatte.
Brüllend, / pustend, / quiekend, / kichernd rief er: / „So etwas sah ich noch nie / in meinem Leben.
Das Vieh hat ja rote **Haare**."
Das gescheite Eichhörnchen aber / ließ sich nicht ärgern / und blieb ganz ruhig.
Es antwortete überlegen: / „Über rote **Haare** lachen nur / die dummen Esel."

▶ **(80 Wörter)**

Fremder Text:

▶ Drei Wünsche

Ein mit **Kaffee** und **Tee** / beladenes Schiff / geriet in einen Orkan / und versank im **Meer**.
Drei **Seeleute** aber konnten sich / in einem **Ruderboot** / auf eine einsame Insel retten.
Sie ernährten sich von **Beeren** / und **Kleeblättern**.
Einem **Seemann** gelang es, / in einem Fluss **Aale** zu fangen.
Ein anderer kam auf die **Idee**, / das **Moor** zu entwässern / und **Beete** anzulegen.
Zum Schutz gegen die Sonne / flochten sie sich aus / Gräsern und **Moosen** Hüte.
Eines Tages erschien ihnen / eine **weißhaarige Fee**.
Sie versprach, / jedem einen Wunsch zu erfüllen.
Zwei **Seeleute** wünschten sich zurück / zu ihren Familien /
und sofort / waren sie verschwunden.
Der dritte Seemann überlegte eine Weile / und sagte dann: /
„Ich möchte nicht allein hier bleiben.
Ich wünsche mir / die beiden anderen zurück."

▶ **(120 Wörter)**

13. Dehnungs-h

▶ Das neue Grün

Am ________________ sonnen sich die ______________. Ihre ___________ funkeln und ihre

__________ schlagen schneller. Jetzt werden sogar die ___________ warm.

Überall __________ neues Grün. Das ________ Grün __________ über Zäune und

_____________, zwischen Steinen und Ritzen. Es wächst in Hecken und in ____________,

auf Bäumen und Sträuchern. Die __________ zwitschern. Im Nest schreien die

________________ nach ______________. Es ist ______________.

Trage die folgenden Wörter richtig in den Text ein: **Bahndamm, Nahrung, Frühling, Eidechsen, Vögel, Vogelkinder, Herzen, Augen, Mauern, Gräben, Steine, neue, sprießt, wächst**.

▶ Das neue Grün

Am **Bahndamm** sonnen sich / die Eidechsen.
Ihre Augen funkeln / und ihre Herzen schlagen schneller.
Jetzt werden sogar / die Steine warm.
Auch die Mauern / **strahlen** Wärme aus.
Überall sprießt neues Grün.
Das neue Grün wächst / über Zäune und Mauern, / zwischen Steinen und Ritzen.
Es wächst in Hecken und Gräben, / auf Bäumen und Sträuchern.
Die Vögel zwitschern und singen.
Im Nest schreien die Vogelkinder / nach **Nahrung**.
Aber der dicke Kater / würde gern schlafen.
Er hält sich die **Ohren** zu.
Es ist **Frühling**.

▶ **(80 Wörter)**

Fremder Text:

▶ Verspätung

Die **Lehrerin** wollte / mit ihrer Klasse / ins Theater **fahren.**
Alle Kinder sollten / sich pünktlich / am **Bahnhof** versammeln.
Als die **Lehrerin** / die Kinder der Klasse **zählte**, / **fehlte** Lisa.
Beinahe jeden Morgen / kam sie zu spät, / weil sie sich nicht **wohl fühlte**.
Manchmal tat **ihr** ein **Zahn weh**, / ein anderes Mal / hatte sie **Ohrenschmerzen**.
„**Wahrscheinlich** hat sie diesmal verschlafen“, / vermutete Peter.
„Ich **verstehe** das nicht. Wir können nicht länger warten“, / meinte die **Lehrerin**.
„Wir müssen auf den **Bahnsteig gehen**.“
Da stürmte Lisa um die Ecke / und rief: / „Ich habe mich **bemüht**, / aber mein **Fahrrad** / hat einen platten Reifen. Ich musste zu Fuß **gehen**.“

▶ **(101 Wörter)**

14. Wörter mit ß

▶ Der fliegende Kloß

In einer Gaststätte bereitete ein Koch __________ Grießklöße zu. Ein __________ fiel auf den Boden. Der ____________ gab ihm ärgerlich einen __________ mit dem ________.

Der Kloß flog in den _________________ und landete auf dem ___________ eines Gastes.

Er warf den Kloß einem Kellner an den __________ und ____________ grußlos die __________________. Der _____________ warf ihm den Kloß hinterher.

Er traf aber einen __________________.

Der Koch, der _______________ und der Kellner mussten ein ______________ zahlen.

Trage die folgenden Wörter richtig in den Text ein: **Kloß, Schoß, Stoß, Fuß, Bußgeld, süße, verließ, Koch, Kellner, Speiseraum, Gast, Kopf, Gaststätte, Radfahrer**.

▶ Der fliegende Kloß

In einer Gaststätte / passierte dem Koch / das folgende Missgeschick:
Er kochte **süße Grießklöße**.
Ein **heißer Kloß** / fiel ihm auf die Hand / und rollte **anschließend** / über den Boden.
Der Koch gab ihm ärgerlich / einen **Stoß** mit dem **Fuß**.
Der **Kloß** flog in den Speiseraum / und landete direkt / auf dem **Schoß** eines Gastes.
Da der Gast / keinen **Spaß** verstand, / warf er den **Kloß** / einem Kellner an den Kopf.
Grußlos verließ der Gast / die Gaststätte.
Der Kellner folgte ihm / und warf den **Kloß** nach ihm.
Er traf aber / einen Radfahrer.
Der Radfahrer stürzte auf die **Straße** / und verletzte sich schwer.
Der Koch, der Gast und der Kellner / mussten ein **Bußgeld** zahlen.

▶ **(108 Wörter)**

Fremder Text:

▶ Eine Floßfahrt

In den Sommerferien / verbrachten wir / zwei Wochen in den Bergen.
Mein Vater und ich / planten eine **Floßfahrt** / auf einem Fluss.
Wir mieteten ein **Floß**, / **ließen** es zu Wasser / und **stießen** vom Ufer ab.
Zuerst trieben wir / auf dem Fluss / langsam dahin.
So konnten wir die Natur / an den Ufern **genießen**.
Die Wanderer auf den Saumpfaden / **grüßten** und winkten / uns freundlich zu.
Ich legte die Hände / in den **Schoß** / und **ließ** einen **Fuß** / über die Wasserfläche gleiten.
Aber allmählich / wurde der Fluss **reißender** / und unser **Floß** / schoss vorwärts.
Wir **ließen** die Leinen / auf dem **Floß** / nicht mehr los.
Ich war aber gewiss, / mein Vater würde uns sicher / ans Ziel bringen.

▶ **(109 Wörter)**

15. Wörter mit doppeltem Mitlaut

Riesenspaß

Wie ist das im ____________ ? Die __________ geht früh am ____________ auf und spät am Abend unter. Die ____________ blühen, die Bäume stehen __________ Laub und die Sonne ___________ heiß. Wir möchten wie die ______________________ durch die ____________________ tanzen. Wie die wilden ________________ möchten wir durch den Garten ____________ . Das wäre _____________ . Fröhlich wie ein Heupferd ____________ macht uns ____________ Spaß. Was macht dir einen _________________ ?

Trage die folgenden Wörter richtig in den Text ein: **Schmetterlinge, Hummeln, Sommer, Morgen, Sommerwiesen, Sonne, Blumen, voller, herrlich, großen, brennt, tollen, hüpfen, Riesenspaß**.

Riesenspaß

Wie ist das im **Sommer**?
Die **Sonne** geht / früh am Morgen auf / und spät am Abend unter.
Die Blumen blühen / und duften.
Die Bäume stehen **voller** Laub / und die **Sonne brennt** heiß.
Wir möchten / wie die **Schmetterlinge** / durch die **Sommerwiesen** tanzen.
Wie die wilden **Hummeln** / möchten wir / durch den Garten **tollen**.
Das wäre **herrlich**.
Fröhlich wie ein Heupferd hüpfen / macht uns großen Spaß.
Wir möchten / durch Gebüsch und Zäune schlüpfen.
Nichts **soll** uns im Hause halten.
An langen, / **hellen** und warmen **Sommerabenden** / möchten wir / mit Freunden draußen **grillen**.
Was macht dir Riesenspaß?

(92 Wörter)

Fremder Text:

Warum eine Brille?

Seit Ende der **Sommerferien** / sitzt **Anna** / in der letzten Reihe.
Da **fällt** der Lehrerin auf, / **dass** irgendetwas mit **Anna** / nicht **stimmt**.
Anna schafft es nicht, / die Namen an der Tafel / zu lesen.
„Ich sehe **alle** Wörter / **völlig verschwommen**", / erklärt sie.
Die Lehrerin **stellt** fest: / „**Anna**, / du brauchst eine **Brille**."
Mutter geht mit **Anna** / zum Augenarzt / und anschließend zum Optiker.
„Du brauchst kein / so trauriges Gesicht / zu machen", / meint der Optiker.
„Wir finden auch für dich / eine **passende Brille**."
Am nächsten Tag / **kommt** sie / mit einer **tollen**, roten **Brille** / in die Schule.
Ihre **Freundinnen** finden, / **dass** sie mit ihrer **Brille** / richtig cool aussieht.

(102 Wörter)

16. Zeichensetzung bei der wörtlichen Rede

▶ Nicht immer gleich wegwerfen

Tim __________ sich wortlos an den __________. „Was hast du?", ___________ der Vater.

„Axel hat ein neues Fahrrad", _________________ Tim ________________.

„Mein Fahrrad ist eine ____________________", _______________ er.

Vater ____________ lachend: „Da muss ich mir deine alte ___________ wohl mal ansehen."

Tims _____________ sieht wirklich _______________ aus. Gemeinsam _________________ sie

das Rad. Vater schenkt ihm außerdem einen neuen ______________. Da _________ Tim freudig:

„Wenn ich mein Rad nun noch ____________, sieht es wie __________ aus.

Trage die folgenden Wörter richtig in den Text ein: **Sattel, Karre, Schrottkiste, mürrisch, schlimm, jammert, fragt, antwortet, meint, sagt, setzt, Tisch, putze, neu, Fahrrad, reparieren**.

▶ Nicht immer gleich wegwerfen

Tim setzt sich wortlos / an den Tisch. „Was hast du?", / fragt der Vater.
„Axel hat ein neues Fahrrad", / antwortet Tim **mürrisch**.
„Mein Fahrrad ist eine **Schrottkiste**", / **jammert** er.
Vater meint lachend: / „Da **muss** ich mir / deine alte **Karre** / wohl mal ansehen."
Tims Fahrrad sieht wirklich / **schlimm** aus.
Gemeinsam schließen sie / das **abgerissene** Lichtkabel an.
Vater zeigt Tim, / wie die Birne / in der **Schlussleuchte** / ausgewechselt wird.
Tim **erinnert** seinen Vater: / „Ich brauche noch / ein rotes Glas / für den Rückstrahler."
Vater schenkt ihm / außerdem einen neuen **Sattel** / und ein neues **Schloss**.
Da sagt Tim freudig: / „**Wenn** ich mein Rad / nun noch putze, / sieht es wie neu aus."

▶ **(105 Wörter)**

Fremder Text:

▶ Welche Aufgaben hat ein Klassensprecher?

Zu **Beginn** des Schuljahres / sagte die Lehrerin: / „Wir **wollen** heute / gemeinsam überlegen, / welche Aufgaben / ein **Klassensprecher** hat."
Jan meinte: / „Er **muss** in der **Klasse** / für Ruhe sorgen."
„Er **soll** unsere Meinung / bei den Lehrern vertreten!", / forderte Lisa.
„**Soll** er auch den Lehrer vertreten?", / fragte Hans.
„Nein", / antwortete Lisa. „Aber er **kann** ihn unterstützen", / erklärte sie.
„Wie **soll** das gehen?", / überlegte Tim.
Lisa rief: / „Das **könnte** zum Beispiel sein, / **wenn** sich Kinder streiten."
„Es ist **bestimmt** nicht leicht, / **Klassensprecher** zu sein", / vermutete Lena.
Alle Kinder waren / der gleichen Meinung. „Wir müssen **alle** / unseren **Klassensprecher** unterstützen, / damit er seine Aufgaben / auch gut erledigen **kann**", / schlug Tim zum **Schluss** vor.

▶ **(107 Wörter)**

17. Zusammensetzungen von Namenwörtern (Nomen): Zwei gleiche Buchstaben treffen aufeinander

▶ Die Klassenzeitung

An jedem ______________________ tragen die beiden _____________ die Zeitung in ihrem

_______________ aus. Lars meint: „Wie wäre es, wenn wir selber eine ______________

herstellten?“ Tim findet die Idee _________.

Er schlägt vor: „Wir müssen unsere ___________________________ begeistern, damit sie

bei der Herstellung einer ________________________ mitmachen.“

Alle nehmen den ________________ an. Felix will die _____________________________

zusammenstellen. Jan übernimmt den ________________.

Lorenz besteht auf einer eigenen ______________________ für ____________.

Trage die folgenden Wörter richtig in den Text ein: **Zeitung, Klassenzeitung, Zeitungsseite, Witze, Klassenkameraden, Klassennachrichten, Stadtteil, Freunde, Sonntagmorgen, toll, Vorschlag, Sportteil**.

▶ Die Klassenzeitung

An jedem Sonntagmorgen / tragen die beiden Freunde / die Zeitung in ihrem **Stadtteil** aus.
Lars meint: / „Wie wäre es, / wenn wir selber / eine Zeitung herstellten?“
Tim findet die Idee toll. „Aber wir brauchen / viele Mitarbeiter“, / gibt er zu bedenken.
Lars schlägt deshalb vor: / „Wir müssen / unsere Klassenkameraden begeistern, / damit sie bei der Herstellung / einer Klassenzeitung mitmachen.“
In der Klasse nehmen alle / den Vorschlag an.
Felix will die **Klassennachrichten** zusammenstellen. Jan übernimmt den **Sportteil**.
Lisa meldet sich / als Reporterin / und Laura ist bereit, / die Texte zu berichtigen.
Lorenz besteht / auf einer eigenen **Zeitungsseite** / für Witze.
Schließlich werden Jan und Lars / als Chefredakteure gewählt.

▶ **(101 Wörter)**

Fremder Text:

▶ Nicht eine Minute länger

Jan wollte so gerne / im Fernsehen / den Krimi sehen. Aber seine Eltern waren dagegen.
Grollend verschwand er / in seinem Zimmer / und knipste die Lampe / auf dem **Nachttisch** an.
Aus dem Wohnzimmer / drang das Knattern der **Motorräder** / und das Heulen / der Polizeisirenen. Schlafen konnte Jan jetzt noch nicht.
Er holte sich aus der Küche / ein Päckchen mit **Apfellimonade** / und einen **Strohhalm**.
Dann suchte er sich / aus seinem **Bücherregal** / einen Krimi.
Mit dem Buch unter dem Arm / ging er ins Wohnzimmer zurück.
Seine Eltern saßen vor dem Fernseher / und verfolgten den Krimi.
Jan fragte: / „Darf ich so lange lesen, / bis ich einschlafe?“
Mutter war einverstanden. Vater fügte hinzu: / „Aber nicht eine Minute länger.“

▶ **(111 Wörter)**

18. Nachsilben -heit, -keit, -nis und die Endung -ung

▶ Eulenspiegel und die Honigdiebe

Einmal war Till Eulenspiegel vor ________________ in einem ___________ Honigkorb eingeschlafen. In der ________________ kamen zwei _________. Sie stahlen den schweren _________, in dem sie viel _________ vermuteten. In ihrer __________________________ schleppten sie den Korb mit Till fort. Von der ______________ erwachte Till und ____________ sich über die ____________. Weißt du, wie Till aus seinem _______________ entkam und unbemerkt in der ______________ verschwinden konnte?

Die beiden Diebe _____________ sich ihren ____________ nicht erklären.

Trage die folgenden Wörter richtig in den Text ein: **Dunkelheit, Müdigkeit, Bewegung, Störung, Gefängnis, Finsternis, Irrtum, Diebe, Korb, Honig, Ahnungslosigkeit, leeren, ärgerte, konnten**.

▶ Eulenspiegel und die Honigdiebe

Einmal war Till Eulenspiegel / vor **Müdigkeit** / in einem leeren Honigkorb eingeschlafen.
In der **Dunkelheit** kamen zwei Diebe.
Sie stahlen den schweren Korb, / in dem sie viel Honig vermuteten.
In ihrer **Ahnungslosigkeit** / schleppten sie Till in dem Korb fort. Von der **Bewegung** erwachte Till.
Er ärgerte sich / über die **Störung** / und wollte den beiden Dieben / ihre **Frechheit** austreiben.
Mit großer **Behutsamkeit** / streckte er die Hand aus dem Korb /
und zog den einen Dieb / an den Haaren.
Dieser war der **Meinung**, / dass der Freund ihn ärgern wollte. So kam es / zu einer Rauferei.
In aller **Heimlichkeit** / stieg Till aus seinem **Gefängnis** / und entkam unbemerkt / in der **Finsternis**.
Später konnten sich die beiden Diebe / ihren **Irrtum** nicht erklären.

▶ **(115 Wörter)**

Fremder Text:

▶ Eine Ampel wird gebraucht

Auf dem Schulweg / müssen viele Kinder / eine stark befahrene **Kreuzung** überqueren.
Wir Schüler, / unsere Eltern / und die Lehrer unserer Schule / waren der **Meinung**,
dass die **Anschaffung** / einer Ampelanlage / notwendig sei.
Auch die Nachbarn / hatten großes **Verständnis** / für unseren Wunsch.
Die Verkehrsplaner stellten / bei ihren **Beobachtungen** fest, /
dass die **Überquerung** der Straße / auf einem Zebrastreifen / viel zu gefährlich ist.
Die Politiker aber / waren für die **Erhaltung** / des Zebrastreifens.
In **Wahrheit** aber / ging es ihnen / um **Sparsamkeit**.
Die **Nachbarschaft**, / Schüler und Eltern / verfassten einen Protestbrief.
In diesem Brief zeigten sie / mit aller **Deutlichkeit** / ihre **Unzufriedenheit**.
In den letzten Tagen / wurden an der **Kreuzung** / **Vermessungen** vorgenommen.
Wir haben die **Hoffnung**, / dass unser Protest / erfolgreich war
und die **Herstellung** einer Ampelanlage / doch genehmigt wurde.

▶ **(120 Wörter)**

19. Nachsilben -lich, -bar, -haft, -sam und die Endungen -ig, -isch

▶ Modenschau

Die Schule veranstaltete ein ________________ Sommerfest. Mit einer unglaublich

________________ Modenschau beteiligte sich die vierte Klasse.

Die Kinder hatten __________________ Ideen gesammelt und dabei schon ______________

Spaß gehabt. Jan sorgte für ________________ Musik. Laura ____________ mit ihrer

__________________ Stimme die _____________________ Modelle vor.

Richtig lustig wurde es, als Lea auf den _____________________ Stöckelschuhen

umknickte und dann ____________ die Schuhe in die Hand nahm.

Am Ende der __________________ ernteten die Kinder ____________________ Beifall.

Trage die folgenden Wörter richtig in den Text ein: **Vorführung, zornig, altmodisch, stellte, stürmischen, fröhliches, riesigen, lustigen, kräftigen, poppige, gemeinsam, zauberhaften**.

▶ Modenschau

Die Schule veranstaltete / ein **fröhliches** Sommerfest.
Mit einer **unglaublich lustigen** Modenschau / beteiligte sich die vierte Klasse.
Die Kinder hatten **gemeinsam** / Ideen gesammelt / und dabei schon **riesigen** Spaß gehabt.
Da sie **rechtzeitig** / mit den Vorbereitungen begonnen hatten, / klappte alles **wunderbar**.
Jan sorgte für **poppige** Musik.
Laura stellte / mit ihrer **kräftigen** Stimme / die **zauberhaften** Modelle vor.
Michelle schwebte **förmlich** / in einem **himmlischen** Nachthemd / über den Laufsteg. Anja kam **sportlich** / mit **klobigen** Bergschuhen, / **einfarbigem** Badeanzug / und **luftiger** Netzkappe.
Richtig **lustig** wurde es, / als Lea auf den **altmodischen** Stöckelschuhen / über den Laufsteg trippelte, / dabei umknickte / und dann **zornig** / die Schuhe in die Hand nahm.
Am Ende der Vorführung / ernteten die Kinder / **stürmischen** Beifall.

▶ **(109 Wörter)**

Fremder Text:

▶ Zukunftsträume

Felix träumt manchmal / **seltsame** Dinge.
Er findet es **wunderbar**, / so **friedlich** dazuliegen / und zu überlegen, /
was er später / gerne einmal / machen würde.
Lustig war es, / sich alle **möglichen** Berufe / auszudenken.
Wäre es nicht **fabelhaft**, / wenn er Gärtner würde / und in einer Gärtnerei arbeiten könnte?
Vielleicht aber / wäre es **ratsam**, / Bäcker zu werden?
Das ist **sicherlich** / auch ein toller Beruf.
Dann könnte er / in einer Bäckerei arbeiten / und **täglich himmlisch** / leckere Sachen backen.
Er stellte es sich / auch **herrlich** aufregend vor, / ein **fantastischer** Zauberkünstler zu sein.
Seine ältere Schwester / wird **wahrscheinlich** Schreinerin.
Das weiß sie **wirklich** / schon **ziemlich** genau.
Sie arbeitet bereits **fleißig** / **gemeinsam** mit Vater / in seiner Werkstatt.

▶ **(108 Wörter)**

20. Fremdwörter

▶ Max, ein Prophet?

Als das ______________ losbricht, sagt Max ______________________: „Da hatte ich doch Recht mit meiner ____________________." Anna lacht: „Ja, du hast immer ___________. Es ist _____________________. In ___________________ weißt du alles. Du kennst die Namen der __________________ und weißt, was die __________________ sind. Die ______________ eines Gedichtes kannst du dir schnell merken und auch in ___________ und ________________ bist du der Beste. Du bist eigentlich ein wandelndes _____________."

Trage die folgenden Wörter richtig in den Text ein: **Prophezeiung, Strophen, Pharaonen, Pyramiden, Lexikon, Geografie, Mathematik, Physik, fantastisch, triumphierend, Recht, Gewitter**.

▶ Max, ein Prophet?

Als das Gewitter losbricht, / sagt Max **triumphierend**: /
„Da hatte ich doch Recht / mit meiner **Prophezeiung**."
„Ja, du hast wie immer Recht", / lacht Anna, / „es ist **fantastisch**.
In **Geografie** weißt du alles.
Du kennst die Namen der **Pharaonen** / und weißt, / was die **Pyramiden** sind.
Die **Strophen** eines Gedichtes / kannst du dir schnell merken /
und auch in **Physik** und **Mathematik** / bist du der Beste.
Du bist eigentlich / ein wandelndes **Lexikon**."
Laura aber stöhnt: / „Ich finde, / dass Max / eine wahre **Katastrophe** ist.
Es ist ja toll, / dass Max alles weiß.
Aber es ist nicht auszuhalten, / dass er immer / Recht behalten will."
Da meint Max lachend: / „Der **Prophet** gilt eben nichts / in seinem Vaterland."

▶ **(110 Wörter)**

Fremder Text:

▶ Dorothea, eine berühmte Leichtathletin?

Dorothea lebt / in einer kleinen Stadt / in **Thüringen**.
Sie möchte einmal / eine berühmte **Leichtathletin** werden.
Dafür **trainiert** sie / im Sportverein.
Auch ihre freie Zeit / nutzt sie für das **Sporttraining**.
Am liebsten läuft sie / im Dauerlauf / auf den Waldwegen / in ihrem **Thüringer** Wald.
Aus der **Bibliothek** / holt sie sich / Bücher über bekannte Sportler /
oder über andere **Sportthemen**.
Da ihr das Lernen leicht fällt, /
braucht sie in der Schule / nicht viel für **Mathematik** und **Physik** zu tun.
Wenn sie also Zeit hat, / hilft sie ihrem Vater gern / in der **Apotheke**.
Da übt sie nämlich auch / den Dauerlauf, / wenn sie **Medikamente** / zu den Kunden bringt.
Allerdings ist das Laufen / auf den **Asphaltstraßen** / nicht so angenehm / wie auf Waldwegen.

▶ **(115 Wörter)**

Lösungen für die Lückentexte

▶ Es brennt

Wer ist der **Feuerteufel**, der nachts immer wieder in **Heuballen** und Scheunen **Feuer** legt? Auch **heute** Nacht **brannte** wieder eine Scheune. Die **Leute** schreckten aus dem Schlaf, als die **Feuerwehr** mit heulenden **Sirenen** durch die **Stadt** fuhr und über die **Kreuzungen** raste. Aber bevor noch die Feuerwehrleute mit ihren **Fahrzeugen** die **Feuerstelle** erreichten, war die **Scheune** bereits eine **Beute** der Flammen.

▶ Der Zimmermann des Waldes

Es war **März** und die **Bäume** in den Wäldern hatten noch keine **Blätter**.
Die **Sonnenstrahlen** konnten durch die **Äste** scheinen und den Waldboden **erwärmen**. So **wuchsen** nun überall die **Frühlingsblumen**.
Durch die **Stille** des Waldes ertönte **plötzlich** ein lautes Klopfen.
Ein Buntspecht **hämmerte** mit seinem **kräftigen** Schnabel gegen den **Stamm** einer Lärche. Er wollte sich dort eine **Nisthöhle** bauen.

▶ Ja, die Ruth

Ruth wünschte sich, dass der **Vater** ihr einmal aufmerksam zuhört.
Sie wollte ihm **nämlich** einige **Fragen** stellen. Sie begann: „Warum verlangen die **Erwachsenen**, dass **Mädchen** braver sein sollen als Jungen?“
Sie fragte weiter: „Warum dürfen sich Mädchen nicht wie **Jungen** raufen?“
„Warum sollen Mädchen nicht wie Jungen **toben** und **schreien**?“
Der Vater war **verlegen** und gab keine **Antwort**.

▶ Immer bergab

Max **packt** Äpfel, **Brot** und einige Päckchen mit **Saft** in den **Korb**.
Er will mit seinem **Freund** Moritz einen **Ausflug** machen.
Jeder steigt auf sein **Rad** und los geht die **Fahrt**. Es ist ein heißer **Tag**.
Sie haben sich deshalb einen bequemen **Weg** ausgesucht.
Sie fahren nur **bergab**.
An einem **Waldrand** machen sie Rast, denn sie haben Hunger und **Durst**.
Welches Problem könnten sie auf dem **Heimweg** haben?

▶ Das Stinktier

Wisst ihr, dass ein **Stinktier** besondere **Eigenschaften** hat? Da ihm große, scharfe **Krallen** fehlen, hat es eine andere **Waffe** für seine **Verteidigung**.
Wenn sich ein **Feind** nähert, dreht es sich blitzschnell um, stellt seinen **Schwanz** hoch und spritzt dem **Angreifer** eine gefährliche **Flüssigkeit** entgegen.
Wenn sie nämlich in die **Augen** gerät, kann sie zum Erblinden führen.
Die meisten **Tiere** fürchten deshalb die **Begegnung** mit einem Stinktier.

Lösungen für die Lückentexte

▶ Was läuft im Fernsehen?

Weil Felix sich langweilt, schaltet er den **Fernseher** ein. Zuerst schaut er sich den **Märchenfilm** „Des **Kaisers** neue **Kleider**“ an.
Dann hört er dem **Nachrichtensprecher** zu. Er erfährt, dass in Japan ein **Taifun** wütet und meterhohe **Wassermassen** den **Kai** überfluten.
Viele **Menschen** mussten sterben und viele Kinder wurden zu **Waisen**.
Plötzlich stürmt seine **Schwester** herein und ruft: „Schalte bitte schnell um, denn gleich **beginnt** die **Sendung** über **Haie**.“

▶ Vögel, die nicht fliegen können

Kennst du **Vögel**, die nicht fliegen können? Der Vogel Strauß gehört zu dieser **Vogelart**. Er ist der **größte** Vogel auf unserer **Erde**.
Er kann nicht **fliegen**, weil er zu **schwer** ist. Außerdem hat er nur kleine **Schwungfedern**. Wenn er **fliehen** muss, läuft er auf seinen starken **Beinen** den Feinden **davon**. Aber er kann sich auch mit seinem kräftigen **Schnabel** und seinen starken **Füßen** verteidigen.

▶ Advent

Auch in der Schule feiern wir die **Adventszeit**. Unter der Decke hängt ein großer **Adventskranz** mit **vier** dicken, roten **Adventskerzen**.
In jeder **Adventswoche** zünden wir eine **Kerze** mehr an.
Gemeinsam haben wir einen **Adventskalender** gebastelt.
Wir dürfen auch **Adventsgeschichten** vorlesen. Wenn wir **Adventslieder** singen, begleitet uns Lisa auf dem **Klavier**. Unsere Lehrerin bereitet mit uns eine **Adventsfeier** vor, zu der wir unsere **Eltern** einladen.

▶ An der Nordsee

In diesem **Jahr** verlebten wir unseren **Urlaub** auf der **Insel** Norderney.
Der **Sommer** war unglaublich **heiß**.
Den ganzen Tag **brannte** die **Sonne** vom wolkenlosen **Himmel**.
Manchmal war das schon eine **Qual**.
Oft **schwamm** ich mit meinen Eltern weit hinaus ins **Meer**.
Einmal waren wir plötzlich von einem Schwarm **Quallen** umgeben.
Da wollte ich nur noch ganz **schnell** an den **Strand** schwimmen.

▶ Die Eidechse

An heißen Sommertagen **sonnen** sich die **Eidechsen** gerne auf einem warmen **Stein**. Wenn es **warm** ist, sind die Eidechsen flink und lebhaft. Bei kühlem **Wetter** aber sind sie langsam und träge. Das hängt mit ihrer **wechselnden** Körperwärme zusammen. Die **Körpertemperatur** der Eidechsen steigt nämlich bei **Wärme** und sinkt bei **Kälte**. Wie alle **wechselwarmen** Tiere **verkriecht** sich die Eidechse im **Herbst** in einem Versteck.
Dort verbringt sie den Winter in **Winterstarre**.

Alexandra

Felix arbeitet an seinen **Hausaufgaben**. Er will eine **Textaufgabe** lösen.
Aber es ist wie **verhext**, denn er muss dauernd an **Alexandra** denken.
Er **findet** Alexandra richtig prima.
Im **Unterricht** hat sie ihm heute ihr **Tierlexikon** geborgt.
In der Mathestunde **boxte** sie ihn in die Seite, um ihn vor der **Lehrerin** zu warnen. Aber vor Schreck machte er einen **Tintenklecks** in sein Heft.

Grau und rot

Ein **Esel** verirrte sich in einem Wald.
Plötzlich **entdeckte** er auf einem Baum ein **Eichhörnchen**.
Er **lachte** sich beinahe tot, weil das Eichhörnchen ein **feuerrotes** Fell hatte.
Brüllend, pustend, quiekend, kichernd **rief** er:
„So etwas **sah** ich noch nie. Das **Vieh** hat ja rote **Haare**."
Das **gescheite** Eichhörnchen blieb ganz **ruhig**. Es **antwortete** überlegen: „Über **rote** Haare lachen nur die **dummen** Esel."

Das neue Grün

Am **Bahndamm** sonnen sich die **Eidechsen**. Ihre **Augen** funkeln und ihre **Herzen** schlagen schneller. Jetzt werden sogar die **Steine** warm.
Überall **sprießt** neues Grün. Das **neue** Grün **wächst** über Zäune und **Mauern**, zwischen Steinen und Ritzen. Es wächst in Hecken und in **Gräben**, auf Bäumen und Sträuchern. Die **Vögel** zwitschern. Im Nest schreien die **Vogelkinder** nach **Nahrung**. Es ist **Frühling**.

Der fliegende Kloß

In einer Gaststätte bereitete ein Koch **süße** Grießklöße zu. Ein **Kloß** fiel auf den Boden. Der **Koch** gab ihm ärgerlich einen **Stoß** mit dem **Fuß**.
Der Kloß flog in den **Speiseraum** und landete auf dem **Schoß** eines Gastes.
Er warf den Kloß einem Kellner an den **Kopf** und **verließ** grußlos die **Gaststätte.** Der **Kellner** warf ihm den Kloß hinterher.
Er traf aber einen **Radfahrer**.
Der Koch, der **Gast** und der Kellner mussten ein **Bußgeld** zahlen.

Riesenspaß

Wie ist das im **Sommer**? Die **Sonne** geht früh am **Morgen** auf und spät am Abend unter. Die **Blumen** blühen, die Bäume stehen **voller** Laub und die Sonne **brennt** heiß. Wir möchten wie die **Schmetterlinge** durch die **Sommerwiesen** tanzen. Wie die wilden **Hummeln** möchten wir durch den Garten **tollen**. Das wäre **herrlich**. Fröhlich wie ein Heupferd **hüpfen** macht uns **großen** Spaß. Was macht dir einen **Riesenspaß**?

Lösungen für die Lückentexte

▶ Nicht immer gleich wegwerfen

Tim **setzt** sich wortlos an den **Tisch**. „Was hast du?", **fragt** der Vater.
„Axel hat ein neues Fahrrad", **antwortet** Tim **mürrisch**.
„Mein Fahrrad ist eine **Schrottkiste**", **jammert** er.
Vater **meint** lachend: „Da muss ich mir deine alte **Karre** wohl mal ansehen."
Tims **Fahrrad** sieht wirklich **schlimm** aus. Gemeinsam **reparieren** sie das Rad. Vater schenkt ihm außerdem einen neuen **Sattel**. Da **sagt** Tim freudig: „Wenn ich mein Rad nun noch **putze**, sieht es wie **neu** aus."

▶ Die Klassenzeitung

An jedem **Sonntagmorgen** tragen die beiden **Freunde** die Zeitung in ihrem **Stadtteil** aus. Lars meint: „Wie wäre es, wenn wir selber eine **Zeitung** herstellten?" Tim findet die Idee **toll**.
Er schlägt vor: „Wir müssen unsere **Klassenkameraden** begeistern, damit sie bei der Herstellung einer **Klassenzeitung** mitmachen."
Alle nehmen den **Vorschlag** an. Felix will die **Klassennachrichten** zusammenstellen. Jan übernimmt den **Sportteil**.
Lorenz besteht auf einer eigenen **Zeitungsseite** für **Witze**.

▶ Eulenspiegel und die Honigdiebe

Einmal war Till Eulenspiegel vor **Müdigkeit** in einem **leeren** Honigkorb eingeschlafen. In der **Dunkelheit** kamen zwei **Diebe**. Sie stahlen den schweren **Korb**, in dem sie viel **Honig** vermuteten. In ihrer **Ahnungslosigkeit** schleppten sie den Korb mit Till fort. Von der **Bewegung** erwachte Till und **ärgerte** sich über die **Störung**. Weißt du, wie Till aus seinem **Gefängnis** entkam und unbemerkt in der **Finsternis** verschwinden konnte?
Die beiden Diebe **konnten** sich ihren **Irrtum** nicht erklären.

▶ Modenschau

Die Schule veranstaltete ein **fröhliches** Sommerfest. Mit einer unglaublich **lustigen** Modenschau beteiligte sich die vierte Klasse.
Die Kinder hatten **gemeinsam** Ideen gesammelt und dabei schon **riesigen** Spaß gehabt. Jan sorgte für **poppige** Musik. Laura **stellte** mit ihrer **kräftigen** Stimme die **zauberhaften** Modelle vor.
Richtig lustig wurde es, als Lea auf den **altmodischen** Stöckelschuhen umknickte und dann **zornig** die Schuhe in die Hand nahm.
Am Ende der **Vorführung** ernteten die Kinder **stürmischen** Beifall.

▶ Max, ein Prophet?

Als das **Gewitter** losbricht, sagt Max **triumphierend**: „Da hatte ich doch Recht mit meiner **Prophezeiung**." Anna lacht: „Ja, du hast immer **Recht**.
Es ist **phantastisch**. In **Geographie** weißt du alles. Du kennst die Namen der **Pharaonen** und weißt, was die **Pyramiden** sind.
Die **Strophen** eines Gedichtes kannst du dir schnell merken und auch in **Physik** und **Mathematik** bist du der Beste. Du bist eigentlich ein wandelndes **Lexikon**."

Inhalt

Mildenberger Verlag

Vorwort

Die Arbeitstexte in diesem Beiheft hast du in den Lerneinheiten des Arbeitsheftes kennengelernt.
Jeder Arbeitstext enthält viele Wörter aus dem Grundwortschatz.
Du findest den Grundwortschatz hinten im Arbeitsheft.
Die Wörter des Grundwortschatzes solltest du am Ende des Schuljahrs richtig schreiben können. Deshalb werden sie im Arbeitsheft und in dem Beiheft immer wieder geübt.

- Zuerst nimmst du das Beiheft aus dem Arbeitsheft heraus und hebst es gut auf.
- Dann erarbeitest du eine Lerneinheit in dem Arbeitsheft.
  Führe alle Arbeitsaufträge dieser Lerneinheit richtig aus.
- Schlage nun dein Beiheft auf der Seite auf, auf der die Arbeitstexte für diese Lerneinheit stehen.
  Für jede Lerneinheit findest du drei Texte. Sie sind unterschiedlich schwer.
  Beim ersten Text musst du Wörter in die Lücken einsetzen.
  Die fehlenden Wörter stehen unter dem Text.
  Zum Vergleichen findest du die Lösungen für die Lückentexte auf den Seiten 21–24.
- Lies in Ruhe die drei Texte.
  Entscheide dich dann für einen Text.
- Wenn du einen Text diktiert haben möchtest, suche dir einen Partner (vielleicht auch Mutter oder Vater) und besprich mit ihm, wie er diktieren soll.
  In jedem Satz sind Diktierstriche. Bis zu jedem Diktierstrich sollte dein Partner den Satz vorlesen. Auch die Satzzeichen soll er dir beim Diktieren angeben.
  Zum Schluss soll dir dein Partner das Diktat noch einmal langsam vorlesen.
  Nach jedem Satz soll er eine Pause machen, damit du Fehler noch verbessern kannst.
- Nun vergleichst du deinen geschriebenen Text mit der Vorlage im Beiheft.
  Schau genau hin, damit du deine Fehler findest. Hast du einen Fehler gemacht, dann überlege, warum du das Wort falsch geschrieben hast. Denke darüber nach,
  - ob du das Wort richtig gehört hast,
  - ob du eine Rechtschreibregel hättest anwenden können,
  - ob du dir das Wort merken musst.

  Berichtige deine Fehler und schreibe ähnliche Wörter daneben.
- Schreibe die Wörter, die du noch nicht sicher schreiben kannst, richtig in dein Heft.
- Wenn du dir keine dieser Aufgaben zutraust, schreibe einen Text ab.
  Auch das richtige Abschreiben ist eine Leistung für dich.

Viel Freude bei der Arbeit und guten Erfolg

wünscht dir dein Autor Edmund Wetter

Richtig schreiben 4

Spaß mit Trolli

- Arbeitstexte für die Differenzierung
- Druckschrift

von Edmund Wetter

Mildenberger Verlag